La
Empresa
Heroica

·

Una Parábola de

Administración

de Proyectos

·

Don

Allsman

El Instituto Ministerial Urbano (TUMI) es un ministerio de World Impact, Inc.

Título original en inglés: *The Heroic Venture, A Parable of Project Leadership*
Traducido por: Carlos Enrique Morales
Coordinador del proyecto de traducción: Dr. Fernando Argumedo

La ilustración de la cubierta muestra a York, un miembro valioso del extraordinario equipo de la expedición de Lewis y Clark.

Contenido

Sección III: Coraje hasta el final

Referencias

Prólogo

"¡Todo lo que puedo decir, es que ya era hora!" Esta declaración resume mi sentimiento sobre la importancia y valor de este excelente texto sobre la administración de proyectos para los obreros urbanos sobre la aventura del pensamiento y la vida estratégica. Don Allsman, mi amigo y colega en el desarrollo de líderes urbanos ha hecho un gran servicio a la Iglesia urbana al escribir una clara y apremiante consideración sobre la sabiduría en la administración de proyectos. Los desafíos que enfrentan aquellos quienes han sido llamados a representar a Cristo en la Norteamérica urbana son fuertes, numerosos y espinosos. Sólo las mentes cuidadosas y preparadas serán capaces de comprometerse en proyectos diseñados para avanzar el Reino de Dios en medio de la ciudad y sacar ventaja de los escasos recursos y oportunidades espectaculares allí presentes. *La Empresa Heroica* será una importante herramienta para equipar a líderes urbanos y otros en la destreza, mentalidad y prácticas de la administración de proyectos.

Recurriendo al notable "proyecto" de Lewis y Clark como un telón de fondo para sus ideas sobre la planificación estratégica y la vida, "*La Empresa Heroica*" argumenta no sólo lo básico de la administración de un buen proyecto, sino también llega a las disposiciones fundamentales y compromisos más profundos. El libro está por supuesto, la titulado de una manera muy acertada, porque toda administración acertada de un proyecto es, en efecto, una aventura. Lo que hace de este tipo de planificación y su práctica algo sublime, a mi juicio, una "aventura heroica", y precisamente es lo que está cubierto en este texto. Éste es un texto escrito con esa gente en mente, cuyas vidas están en una continua e inquebrantable serie de angustias, escaseces y tribulaciones, las cuales son parte integral de hacer efectiva la misión urbana penetrando muy dentro de las comunidades del interior de las ciudades de Norteamérica. Yo cuento a todos aquellos que sirven a Cristo en la ciudad, como auténticos héroes, cuyo servicio fiel y valiente combate con los poderes de la ciudad, les permite ganar tanto el elogio y la recompensa de el Salvador a quien tan noblemente sirven. En este sentido, cada uno de ellos está viviendo la empresa heroica, planificada para ellos, por nuestro Señor, para hacer discípulos de Jesucristo en la Norteamérica urbana.

Como un estudioso, educador misionero, y un santo nacido en la ciudad, yo he creído por algún tiempo que nosotros hemos necesitado una evidente y obligada cuota de sabiduría de administración de proyectos, escrito con obreros urbanos en mente. Por años, he halagado, retado y quejado con Don, para que él pudiera escribir algo sobre administración de proyectos, diseñado para usarse como un libro de texto para líderes cristianos urbanos. Ya que este sistema fue desarrollado por el ejército y la construcción e industrias aeroespaciales, y dado que Don ha tenido experiencias en este campo, ¡él ha estado en mi mente como el perfecto candidato para escribirlo! Por supuesto, la ciencia de administrar proyectos ha sido explotada en las arenas de los negocios seculares, se ha demostrado por el maravilloso crecimiento e influencia de El Instituto de Administración de Proyectos, así como por el crecimiento de libros y la gran venta voluminosa acerca del tema. El trabajo importante de Don no solamente agrega a esta venta, sino que singularmente se ocupa de las perspectivas, principios, y prioridades de aquellos que pueden adaptar estas técnias liberales para ministrar efectivamente como siervos de Cristo entre los pobres en la ciudad.

Una de las características verdaderamente refrescantes de *La Empresa Heroica* es su fundamento y argumento bíblico. En un sentido real, éste es un texto anclado en la sabiduría que se pueden extraer de una lectura atenta y crítica de los proyectos hallados en la Biblia. De particular interés para mí es la manera en la cual Don ha tejido las consideraciones de numerosos proyectos de la Biblia en esta obra. A través de ellos, él efectivamente conduce a su meta el punto clave que la sabiduría, en su análisis final, pertenece a Dios, quien es su autor y dispensador. La habilidad aguda de Don para analizar estos eventos e interpretarlos de manera tal que extrae la esencia de la materia en cada caso, es para ver maravillas y tremendos beneficios. Al mismo tiempo, *La Empresa Heroica* no es ni ingenua ni pueril, se necesita trabajar duro, con dedicación, con ingenio y tenacidad para alcanzar los altos propósitos de Dios en las vidas de aquellos llamados al ministerio. La habilidad para enfrentar las dificultades completas y aun así soportar y perseverar, es en gran parte un tema de motivación de este maravilloso texto, razón por la cual es tan importante para las personas que trabajan transculturalmente entre los pobres. Aquellos que hacen discípulos en la ciudad entre los pobres, en efecto, tienen el almacén de la sabiduría divina y el conocimiento a su disposición.

Felicito a *La Empresa Heroica* por lo que es y en lo que puede convertirse. Este es sin duda uno de los mejores libros sobre la administración de proyectos que he leído. Está en mi propia biblioteca en un lugar especial sobre el tema. Más que esto, este libro es un desafío personal a la excelencia, la grandeza y la visión de alguien que he visto vivir una y otra vez en su propia y singular jornada poderosa, así como mi colega en el adiestramiento de misioneros y líderes urbanos. Que este libro pueda ser para usted un trampolín, un acicate, una sacudida para empezar a vivir, la empresa que el Espíritu tiene para usted, para cumplir, el que de acuerdo a San Pablo, es mayor de lo que podemos pedir o pensar (Ef. 3:20). Dios no nos llama a realizar en nuestras propias habilidades, sino en lo que su deseo y propósito dicta. Todo aquel que ha conseguido grandes cosas para Dios ha establecido en su propia y única aventura heroica, su propio camino personal, hacia la grandeza, el coraje y la realización. Mi sincero deseo es que *La Empresa Heroica* le motive para hacer grandes cosas para Dios y recibir la inmensa gracia de Dios, de modo que usted pueda otorgar la gloria a Dios.

Rev. Dr. Don L. Davis
24 de octubre del 2006

Introducción

En lo que requiere diligencia, no perezosos; fervientes en espíritu, sirviendo al Señor. ~ Romanos 12:11

El alma sin ciencia no es buena, y aquel que se apresura con los pies, peca. ~ Proverbios 19:2

USTED TIENE una carga, un sueño o una idea. Usted no puede quitárselo de la mente. Cree que esto es algo que Dios desea que haga, pero no sabe qué hacer luego. Su sueño puede ser grande o pequeño, algo como: empezar un ministerio infantil, plantar una iglesia, enseñar una clase en una escuela bíblica de vacaciones, desarrollar un ministerio de ayuda a drogadictos, empezar un ministerio a los desamparados o alcanzar a madres solteras. El propósito de este libro es inspirarlo a persistir en su visión con sabiduría y pasión hasta que llegue a ser una realidad. Mi oración es que usted sea estimulado por Dios para que le guíe a través de su propia Empresa Heroica.

Usted no es el primero en tener una idea de un ministerio que brota dentro de sí. Dios ha estado dirigiendo personas que inician nuevos ministerios y proyectos desde la creación de Adán y Eva. Aún antes de la caída, Dios asignó tarea a las personas. A Adán y a Eva se les dio la tarea de señorear sobre la tierra y darle nombre a los animales de la creación (Gn. 3:19). Desde allí ha habido muchas otras asignaciones específicas que Dios ha encomendado a su pueblo, a través de la historia bíblica:

⋄ Noé *(construir un arca)*

⋄ Moisés *(dirigir el éxodo)*

⋄ Josué *(conquistar la Tierra Prometida)*

⋄ Gedeón *(derrotar a los madianitas)*

⋄ Nehemías *(reconstruir el muro)*

⋄ José y María *(criar al Mesías)*

⋄ Jesús *(realizar el sacrificio por el pecado)*

⋄ Pablo y Bernabé *(evangelizar a los gentiles)*

⋄ Pedro *(predicar a Cornelio)*.

En mi estudio de las Escrituras, he identificado treinta proyectos específicos que hombres y mujeres llevaron a cabo en respuesta a Dios (vea Referencia H, en la parte final de este libro). Aunque hay docenas de grandes historias bíblicas, yo me he limitado a estos treinta proyectos para formar los puntos en este libro. En la medida en que usted considere que Dios le ha llamado a hacer, podrá aprender mucho de su ejemplo.

Un viaje incierto

El pueblo que Dios selecciona para el ministerio del Reino son frecuentemente candidatos comunes y corrientes. Algunos se han sorprendido de su llamado y le preguntan a Dios si no es otro el que debe ser elegido. Cuando Dios da a su pueblo una tarea para el ministerio del Reino, ellos deben estar dispuestos para enfrentar dificultades e incertidumbres. Aunque Dios les ayuda a cumplir con su tarea, ésta nunca fue fácil, sino llena de desafíos. En la guerra, los militares tienen un término llamado *fricción*. Esto significa, "las cosas *rara vez* marchan según el plan". En el ministerio, las cosas *nunca* van según lo planificado. Aún cuando Dios está claramente detrás del proyecto, los lideres ministeriales deben esperar dificultades; un camino en zigzag hasta el final. Cuando usted acepta la Empresa Heroica tanto la sabiduría como la pasión deben ser ejercitadas a fin de superar los obstáculos por venir.

Una parábola de la administración de proyectos

Yo he escogido la historia épica de la Expedición de Lewis y Clark para que me sirva como una parábola para la Empresa Heroica. No elegí su viaje porque los miembros sean ejemplos de devoción, ni sostengo que sean seguidores de Jesús. Lewis y Clark tienen muchos fracasos morales. Pero ésta es una narración clásica de un proyecto de gran envergadura en lo desconocido y ofrece una fascinante ilustración de *convertir la visión en realidad*. La expedición, cuyos miembros fueron llamados "Los Cuerpos de Exploración", es un increíble relato sobre cómo llevar a cabo una visión y misión en aguas desconocidas. La excursión tiene mucho para mostrarnos acerca de un proyecto de liderazgo *sabio y apasionado*.

Otra razón para usar la historia de Lewis y Clark es la variedad de encuentros transculturales que ellos experimentaron con varias tribus nativas de Norte América. Las diferencias en lenguaje y cultura forzaron a la expedición a trabajar en la sensibilidad cultural, aunque sus esfuerzos fueron torpes en muchas ocasiones. Sus intentos sinceros (débiles como ellos eran) contrastan fuertemente con las futuras interacciones entre los nativos del oeste de Norte América y los colonizadores europeos, que murieron trágicamente por los nativos. Cada tribu, así como todas las culturas, tienen algunos elementos buenos y otros malos, pero muchos son moralmente neutrales. Ninguna de las tribus o la expedición misma puede ser tomada como un ideal. Cada persona está caída y sujeta al pecado, sin embargo, fue creada a la imagen de Dios. La experiencia de la expedición en la diversidad cultural es útil en nuestra parábola del proyecto de liderazgo, porque gran parte de la Empresa Heroica tiene que ver con el trato de personas y situaciones que son nuevas y desconocidas.

La razón final para enfocar Los Cuerpos de Exploración es la enorme cantidad de detalles memorables en sus diarios. Su narrativa abundante provee ilustraciones coloridas para los principios bíblicos del proyecto de liderazgo. Son pocos los viajes a lo desconocido que tienen datos concretos y registrados como la Expedición de Lewis y Clark. El presidente Teddy Roosevelt dijo de los diarios de Lewis y Clark, "pocos exploradores que vieron e hicieron tanto, y que fuera totalmente nuevo, han escrito sus hazañas con tal tranquilidad, con ausencia de alardes y preparado sus descripciones con ausencia completa de exageración".[1.]

Los capítulos de este libro siguen la narración cronológica de la expedición de Lewis y Clark. La sección inicial de cada capítulo resume los eventos de la expedición y es seguida una discusión de historias bíblicas que ilustran los principios del proyecto de liderazgo. Al final de la narración hay una sección de referencias que ofrece recursos prácticos para ayudar con su visión específica. La intención es que estos recursos le provean maneras concretas para avivar el fuego de la pasión que arde dentro de usted.

Estoy profundamente agradecido con Stephen Ambrose sobre el retrato de la interpretación de La Expedición de Lewis y Clark, intitulada *"Undaunted Corauge"* (Corage impávido) (Nueva York: Simon y Schuster, 1996). Este relato notable de su crónica me proveyó de las evidencias históricas que usé para escribir *La Empresa Heroica*. En tanto que hay muchos excelentes anales de la narración de Lewis y Clark, yo recomiendo *"Undaunted Corauge"* para todo el que busque aprender más sobre los detalles de este asombroso viaje.

Intimidad con Cristo
El contenido de *La Empresa Heroica* se enfoca sobre lo que nosotros "hacemos" en el ministerio. No se presta atención a la importancia de "ser" una persona de Dios. Asumo que

usted está firmemente comprometido/a al principio bíblico de "ser" una persona de Dios antes de "hacer" la obra de Dios. Ninguna cantidad de pasión o sabiduría puede desplazar la importancia de crecer en la semejanza del carácter de Cristo y estar comprometido con la autoridad de la Palabra de Dios. Usted será un/a ministro/a efectivo solamente si está creciendo en una relación íntima con Cristo, dando fruto en un carácter piadoso.

El temor de Jehová es el principio de la sabiduría,
y el conocimiento del Santísimo es la inteligencia.
~ Proverbios 9:10

Notas

[1] Ambrose, Stephen. 1996. *Undaunted Courage* (Corage impávido). New York: Simon y Schuster, página 109.

Sección I: Iniciando la aventura

"*Entretenidamente como lo hago, la esperanza más segura de tener éxito en un viaje que había formado un proyecto deseado por mí durante los últimos diez años, podría estimar este momento de mi partida como entre los más felices de mi vida*".

~ Meriwether Lewis

Contexto Obligatorio

Mira ahora, yo habito en casa de cedro,
y el arca de Dios está entre cortinas. ~ 2 Samuel 7:2

1492-1802

La expedición de Lewis y Clark fue un viaje épico que rivaliza con las más grandes empresas de la historia mundial. Este es un relato clásico de valor, peligro, sufrimiento, giros inesperados de acontecimientos e intensas resoluciones para obtener una visión ardiente. Este fue uno de los más grandes proyectos de todos los tiempos.

La expedición fue establecida en el contexto de la política internacional, espías encubiertos, misiones secretas y la perspectiva sin precedentes de nuevas oportunidades de negocios. Ésta fue también una exploración en una de las fronteras desconocidas de la tierra.

La expedición fue provocada por una transacción famosa de bienes raíces llamada "La Compra de Louisiana". La colonización europea en Norteamérica había terminado unos trescientos años atrás y los gobiernos coloniales estaban empezando a consolidar sus actividades en el Nuevo Mundo. En los siglos pasados Francia, Inglaterra, España, Portugal y Holanda enviaron colonizadores y comerciantes a reclamar y explotar las riquezas de las Américas. Para 1800 Holanda y Portugal eran peones, España era una potencia por desaparecer y, el emperador francés, Napoleón Bonaparte, estaba hundido en guerras costosas, que lo dejó en una desesperada necesidad de dinero en efectivo. Francia había reclamado el territorio de Louisiana que se extendía desde el Río Mississippi hasta lo que hoy es la moderna Montana, un área que cubría 15 estados de la actual Unión Americana. Napoleón sabía que Francia era impotente por defender aquel amplio territorio con su ejército debilitado en otras guerras europeas.

Tomás Jefferson, el recién presidente electo de los Estados Unidos, comprendió el dilema de Napoleón. Habiendo servido recientemente como embajador en Francia, Jefferson estuvo bien informado de la necesidad de dinero que padecía Napoleón y la imposibilidad de defender el reclamo de Francia para el territorio de Luisiana. Así que en 1802, Jefferson inició las negociaciones que finalizaron en 1803 con una abundante tierra comprada por solamente $ 15,000,000.

En 1802, el viaje por agua era la principal vía de transporte. Si bien hubo más artefactos, armas y conocimiento que los griegos o romanos pudieron haber imaginado doscientos años antes, no había prácticamente ninguna mejora en la velocidad del movimiento de mercancías. Nada se movía más rápido que un caballo y en cuanto a la gente de 1802 estaba preocupada, nada pudo ir más rápido que un semoviente. Había solamente cuatro caminos que cruzaban para la frontera hacia el Oeste, y las condiciones eran terribles. Tomaba de seis a ocho semanas transportar las cosas desde el Océano Atlántico hasta el Río Mississippi.

Desde la llegada de los colonos al Nuevo Mundo, el sueño fue el de encontrar una vía acuática para mover las mercancías del Atlántico al Pacífico. Siglos de exploración florecieron, descubriendo las mejores conexiones de navegación desde el Atlántico hacia el río Mississipi, pero entre éste y el Pacífico había una vasta extensión de territorio desconocido. Nadie sabía con exactitud cuán ancha era el área, cómo eran las personas que vivían allí, qué nueva vida salvaje existía, qué plantas crecían o cómo era el paisaje. Incluso las tribus nativas que habitaban en las regiones locales desconocían cómo un área se conectaba con la otra.

Varios intentos se hicieron durante la última mitad de 1700 para explorar la región a fin de establecer comercio con los nativos y abrir una ruta comercial directa al Asia sin rodear el extremo de Sur América. En 1756 un grupo exploratorio se formó, pero nunca se puso en marcha por el estallido de la guerra entre Francia y la India. Otras cuatro expediciones se intentaron después de 1776, tres de las cuales fueron promovidas por el filósofo científico Tomas Jefferson.

Estas expediciones tempranas fueron mal planificadas, principalmente por falta de conocimiento. Era imposible saber cuántas provisiones llevar sin el previo conocimiento del tamaño del continente y del terreno. Resultó mucho más fácil especular sobre lo que era el continente occidental a explorar.

En 1789 el explorador británico Alejandro Mackenzie encontró una ruta canadiense prudente desde Montreal al Pacífico a través de las tierras bajas de las montañas, cerca de cuatrocientas millas (600 Kms.) al norte del territorio de Louisiana. Estas noticias dieron nuevas esperanzas a todo aquel que había soñado con una ruta acuática hacia el Pacífico. El paso podría estar abierto y fácil. Las noticias de este descubrimiento británico impulsó a Jefferson hacia un activismo desenfrenado. Podría decirse que el descubrimiento canadiense del Río Mackenzie dio nacimiento a la Expedición de Lewis y Clark.

En 1792, hubo más noticias. Robert Gray partió del Océano Pacífico a través del río Columbia (hoy la moderna Portland, Oregon) y cartografiándolo, proporcionó una útil información acerca de la geografía. La expedición de Gray hizo de la anchura del continente menos desconocido. El deseo de Jefferson para una ruta acuática por el continente, incluyendo reportes de suelos, ríos, montañas, animales, plantas y tribus nativas se intensificaba.

En 1793, la Sociedad Filosófica Americana (de la cual Jefferson había sido un líder clave por décadas) ofreció $ 1000 para algún explorador que pudiera marchar hacia el Pacífico y regresar. Se planeó una pequeña expedición que no pudiera levantar sospechas de Francia, España, o las tribus nativas. Varios hombres voluntarios dirigieron la partida, un botánico francés fue seleccionado, pero resultó ser un espía, y estaba preparando un ejército para atacar a los españoles. Esto fue otro intento fallido.

Alrededor de 1802, Jefferson no era solamente el Presidente de los Estados Unidos, sino también era de las personas mejor informadas en el mundo en varias áreas científicas, y con hambre de tener más conocimiento del mundo. El creía que las Montañas Blue Ridge de Virginia podían ser las más altas en Norteamérica. Esta conclusión lo condujo a creer que todos los grandes ríos occidentales provenían de una única y baja altura de la tierra. Su lógica fue que el Mississippi conectaba con el río Missouri, y que el Missouri nacía en estas montañas. Esto significaría una transportación corta, fácil, a través de la cordillera del Oeste conectando con el río Columbia al otro lado, uniendo por consiguiente el Atlántico con el Pacífico. Para 1803, con la adquisición del territorio de Louisiana, Jefferson se encontraba con una puerta abierta para explorar libremente el paso de agua del noroeste sin temor a la resistencia francesa.

Jefferson creía que las tribus nativas occidentales eran nobles y que se beneficiarían mutuamente del comercio y que las relaciones podrían ser desarrolladas en una coexistencia pacífica con los ciudadanos de su nación. Fue una carrera contra las colonias inglesas que se expandían hacia el sur desde Canadá. Jefferson esperaba consolidar unas relaciones fuertes con las tribus nativas antes que los británicos interfirieran.

Una gran disputa se daba entre estas dos superpotencias mundiales. Ninguna de ellas confiaba en la otra, estando en una competencia sin cuartel por el premio al más grande negocio del siglo.

✧

Lugar de nacimiento de la pasión

LOS EVENTOS de los días de Jefferson lo movieron a la acción. Es imposible apreciar la importancia de la Expedición de Lewis y Clark sin comprender el contexto histórico del cual vino. Las circunstancias de la situación dada dirigen a la gente hacia la acción, y un claro entendimiento del contexto es lo que despierta la pasión partiendo de cara a los obstáculos. El contexto es el lugar de nacimiento de la pasión.

Cuando el pueblo de Dios ve el sufrimiento, una necesidad no satisfecha, o una injusticia, los levanta para tomar acción. El contexto provee la motivación detrás de la acción. La Biblia provee muchos buenos ejemplos donde las personas fueron impulsadas por el contexto de su situación.

Peligro de extinción

Después de la conquista de la Tierra Prometida, Dios llamó a una serie de Jueces para proteger a Israel de los enemigos de su alrededor. Durante este tiempo, Israel iba de allá para acá entre etapas de obediencia y rebelión, y experimentaron diferentes estados de opresión extranjera. Débora fue profetiza durante la oposición cananea. Gedeón batalló contra los madianitas, Jefté fue reclutado en el intento de la invasión de los amonitas, y Sansón fue designado para proteger a Israel frente a los filisteos. El intento de la extinción de Israel motivó a estos Jueces a la acción.

El descontento

David había sido rey de Israel por un número de años y había establecido su palacio en Jerusalén. Mientras tanto el arca del pacto estaba en una tienda en condiciones precarias, en un pueblo distante. David no estuvo satisfecho con que el arca de Dios estuviera en un lugar tan oscuro. Un día le dijo al profeta Natán: "Mira ahora, yo habito en casa de cedro, y el arca de Dios está entre cortinas" (2 Sam. 7:2). El descontento de David con la situación del arca lo condujo de nuevo a poner en marcha un importante proyecto. Natán respondió diciendo:

"Anda, y haz todo lo que está en tu corazón, porque Jehová está contigo" (2 Sam. 7:3).

Sobreviviendo el exilio

El Templo había sido destruido por Nabucodonosor y los artículos de oro del templo habían sido transportados como botín a cientos de kilómetros a Babilonia, junto con el pueblo judío. En el año 70 del exilio, Zorobabel fue uno de los miles de judíos que aún vivían lejos de su patria. El rey Ciro había llegado a ser rey de Persia y anunció su intención de permitir que un grupo de exiliados judíos volvieran a su nativa Israel, incluyendo a Zorobabel.

Alrededor de unos cincuenta años después, durante el exilio de Israel, aparece en la escena una huérfana judía de nombre Ester, quien fue cuidada por su tío Mardoqueo. El primer ministro Amán, odiaba a los judíos, especialmente a Mardoqueo quien no se inclinaba ante Amán. Éste estaba conspirando para exterminar a los judíos. Al mismo tiempo, la esposa del rey Jerjes, la reina Vasti fue depuesta y se necesitó encontrar una nueva reina. Después de una búsqueda minuciosa por toda la tierra, Ester fue elegida, convirtiéndose en la reina de Jerjes. La reina Ester y el primer ministro Amán se dirigieron a un enfrentamiento.

Nehemías fue otro judío exiliado, sirviendo como copero del rey llamado Artajerjes. Nehemías recibió noticias que su nativa Jerusalén estaba en ruinas. Le dijeron: "El remanente, los que quedaron de la cautividad, allí en la provincia, están en gran mal y afrenta, y el muro de Jerusalén derribado, y sus puertas quemadas a fuego" (Neh. 1:3). Nehemías quedó muy devastado. Él lloró, se entristeció, ayunó y oró durante muchos días. Las circunstancias le motivaron a la acción.

La victoria del Mesías sobre Satanás

La humanidad estuvo bajo la maldición del pecado y el dominio de Satanás. El mundo necesitaba un Salvador. Las personas eran como ovejas sin un pastor. Por siglos, Dios había preparado al pueblo judío para ser la cultura del cual vendría el Mesías. Su venida había sido prometida y predicho por mucho tiempo a través de su historia. La mujer en el pozo es la que mejor lo expresó: "Sé que ha de venir el Mesías, (quien es llamado el Cristo). Cuando él venga nos declarará todas las cosas" (Jn. 4:25).

En este contexto cósmico había una mujer simplemente joven llamada María. Ella vivió en una pequeña e insignificante aldea llamada Nazaret, y estaba comprometida para casarse con un hombre llamado José. Un ángel la visitó para decirle las noticias del designio de Dios para ella, y José fue informado del plan de Dios por medio de un sueño. Si ellos estaban en la voluntad de Dios, sus vidas serían cambiadas radicalmente para siempre.

Dios reconoció el contexto apropiado para enviar a Su Hijo a librarnos "de la potestad de las tinieblas" (Col. 1:13). Éste fue el tiempo oportuno en la historia humana, en el lugar geográfico correcto del mundo para Jesús, "para deshacer las obras del diablo" (1 Jn. 3:8).

Pero cuando "vino el cumplimiento del tiempo,
Dios envió a su Hijo, nacido de mujer y nacido bajo la ley,
para que redimiese a los que estaban bajo la ley,
a fin de que recibiésemos la adopción de hijos"
(Gál. 4:4-5).

En todos los ejemplos este fue el contexto que obligó al pueblo a la obra que siguió. Fueron las circunstancias que los mantuvieron empujando hacia adelante, superando todos los pronósticos. Es difícil imaginar a Nehemías, Ester, David, María o Zorobabel perdiendo de vista los acontecimientos que los llevaron a sus asignaciones. La pasión viene de las necesidades apremiantes de la situación actual.

El Contexto Obligatorio conduce a la gente a la Empresa Heroica.

◆

Preguntas para discusión

1. ¿Qué significa decir, "El contexto es el lugar del nacimiento de la pasión?"
2. En este capítulo, ¿qué historia bíblica se relaciona más con su situación actual?
3. Piense en su ministerio hoy. ¿Cuál es el contexto en el que usted se encuentra? ¿Cuál es la historia de fondo? ¿Qué pasó antes de venir a esta situación?
4. ¿Qué es lo único en su historia de vida que Dios podría usar para su gloria en esta situación?

5. ¿Qué le entusiasma acerca de su contexto? ¿Qué le frustra? ¿Qué le motiva? ¿Qué otros sentimientos tiene cuando piensa en su contexto?

Visión Ardiente

"...Si le place al rey, y tu siervo ha hallado gracia delante de ti, envíame a Judá, a la ciudad de los sepulcros de mis padres, y la reedificaré" ~ Nehemías 2:5

1802

Siglos de exploración, avances científicos, colonización y desarrollo de empresas crearon el telón de fondo de Tomás Jefferson para articular claramente su visión:

Encontrar la ruta más directa de las aguas del Mississippi al Océano Pacífico a través del Oeste de las dos terceras partes del continente y retornar de manera segura con la información necesaria sobre su topografía.

Todas las piezas estaban en su lugar:

❖ *Jefferson obtuvo la influencia necesaria en cuanto fue elegido presidente de los Estados Unidos. Ya no era simplemente un destacado miembro de la Sociedad Filosófica Americana, o un alto funcionario del gobierno, sino una de las personas más poderosas en el mundo.*

❖ *Con la compra de Louisiana, Jefferson no tuvo que preocuparse más de la resistencia francesa a la expedición.*

❖ Con los descubrimientos recientes fueron eliminando algunas de las "incógnitas" que previamente habían hecho las expediciones fallidas.

❖ Jefferson creyó que podría establecerse una buena relación con las tribus nativas y que podría proveer una más atractiva alianza con los británicos.

❖ Los ingleses fueron terminando rápido sobre el asunto de encontrar el paso acuático y fueron consolidando las relaciones con las tribus nativas.

El tiempo fue esencial. Este era el momento adecuado para una expedición.

❖

LOS EVENTOS CONVERGIERON de tal manera que vino a ser obvio que el tiempo adecuado para los sueños de Jefferson vinieran a ser realidad. De este mismo modo, Dios usa las circunstancias para brindar a su pueblo una Visión Ardiente para realizar su obra.

¡Alguien tiene que hacer algo!

Cuando el pueblo de Dios reconoce el contexto de las necesidades a su alrededor, el inevitable resultado es un deseo para encontrarse con esas necesidades. Cuando los cristianos ven el problema, empiezan diciendo: "¡Alguien tiene que hacer algo!" Cuando los hombres y las mujeres inician imaginando maneras específicas para tratar con el problema, el resultado es una Visión Ardiente.

La visión es la parte más importante de administrar proyectos. La visión es lo que define la tarea específica. Cada proyecto en la historia bíblica envolvió una clara visión.

A veces Dios da instrucciones específicas sobre lo que hay que hacer. Otras veces las personas desarrollan una visión de su propia pasión y Dios la bendice (véase la Referencia H, en la parte posterior de este libro, para una lista de treinta proyectos en la Biblia y el origen de su visión).

Dirección específica.

Noé fue un hombre justo viviendo en medio de un mundo de mucha maldad.

> "Y vio Jehová la maldad de los hombres era mucha en la tierra, y que todo designio de los pensamientos del corazón de ellos era de continuo solamente el mal. Y se arrepintió Jehová de haber hecho hombre en la tierra, y le dolió en su corazón".
>
> Génesis 6:5-6

En respuesta a la maldad de esos días, Dios instruyó a Noé sobre la construcción de un arca con dimensiones específicas que le proveería de seguridad a su familia y a los animales de la tierra.

Abraham fue de Ur, un lugar en la moderna Iraq. Él fue un creyente en Dios, pero vivió en una tierra de idolatría. Él tenía setenta y cinco años cuando fue llamado para dejar la lujuria y el entorno familiar de su casa y viajar a Canaán, una tierra desconocida y distante.

A Abraham se le dijo que él podría llegar a ser una gran nación y una bendición a todas las naciones, aún cuando ya estaba viejo y sin hijos. La asignación de Abraham inició una nueva e importante fase del plan de Dios para derrotar al mal por el envío de Jesús a través de la línea de Abraham.

Moisés fue llamado para dirigir poco más de un millón de esclavos hebreos y liberarlos de sus opresores egipcios. Moisés no solamente tenía que convencer al Faraón que dejara libres a esta abundante mano de obra gratuita, y asimismo transformó a una nación oprimida en una cultura que podría criar y recibir al Mesías. Esto fue una tarea abrumadora. Otros proyectos significativos dados a Moisés, incluyó la construcción del tabernáculo, realizar dos censos al pueblo, y enviar a un contingente de doce espías para investigar la Tierra Prometida.

Muchos otros recibieron una Visión Ardiente específicamente de parte de Dios:

◇ *Jonás fue enviado a predicar a los ninivitas, que su ciudad iba a ser destruida en cuarenta días.*

⬦ *A María y José les fue dada la tremenda responsabilidad de criar al Mesías, incluso de reubicar la familia en Egipto por un tiempo.*

⬦ *Jesús envió a setenta y dos discípulos a proclamar las Buenas Nuevas (Lc. 10:1-17).*

⬦ *Pedro fue enviado a predicar a Cornelio.*

⬦ *Pablo y Bernabé fueron específicamente apartados por el Espíritu Santo para llevar el evangelio a los gentiles. Por el resto de su vida, esta fue una Visión Ardiente que Pablo nunca tomó a la ligera.*

Iniciativa propia

David por propia iniciativa y deseo de ver el Arca ubicada en un lugar más apropiado, tuvo la visión de construir un templo en honor al Señor. Salomón recibió de David los planos y concluyó la construcción. Años después, el rey Joás notó que el templo necesitaba de reparación y ordenó un proyecto de remodelación. El rey Ezequías organizó una celebración de Pascua nacional después de purificar el mismo templo.

Durante la cautividad de Israel, Ester y Mardoqueo, bajo la amenaza de la extinción de los judíos, urgentemente desarrollaron una estrategia para prevenir el genocidio judío, recurriendo a la influencia de Ester como reina de Persia. Unos pocos años después, el rey Ciro, en respuesta a una palabra profética, ordenó la reconstrucción del Templo y la devolución de varios artículos del Templo.

Varios sacerdotes levitas estuvieron dispuestos a asumir la responsabilidad de tal proyecto, incluyendo a Zorobabel.

Nehemías se entristeció al conocer la noticia de la desgracia reinante en Jerusalén, con su ciudad quemada y sus muros derribados. Él deseó reconstruirla. Como copero, tenía acceso inmediato al rey, pero esperó por cuatro meses, el momento correcto. Dios proveyó la oportunidad cuando la pena de Nehemías comenzó a mostrarse en su semblante (nunca antes se había mostrado con tal tristeza en la presencia del rey, una ofensa capital en aquella cultura). Cuando el rey preguntó por la solicitud de Nehemías, él fue breve para responder con sumo cuidado: "Envíame a Judá, a la ciudad de los sepulcros de mis padres, y la reedificaré" (Neh. 2:5).

Cómo conduce Dios

Dios lleva a hombres y mujeres hacia una Visión Ardiente en una variedad de maneras (Para más discusión, vea la Referencia E, *Discerniendo la Voluntad de Dios*).

⬧ *Abraham y Pedro recibieron una visión.*

⬧ *José (hijo de Jacob) y José (padre de Jesús) escucharon a Dios en un sueño.*

⬧ *Josué, Gedeón, Sansón (por medio de sus padres), María, y Felipe fueron visitados por ángeles.*

❖ *Barac, Zorobabel, Pablo y Bernabé recibieron una palabra profética.*

❖ *Jefté y Ester fueron instruidos por sus líderes.*

❖ *David, Ezequías, Joás y Nehemías llevaron a cabo sus proyectos por su propia iniciativa, de su propia pasión del corazón para Dios.*

❖ *Los apóstoles, y el grupo de los setenta y dos, fueron específicamente comisionados por Cristo mismo.*

El mayor encargo

La Gran Comisión (Mt. 28:18-20) es el más grande proyecto dado a la humanidad. Los apóstoles, y el resto de la Iglesia en general, les fue entregada la misión primordial de hacer discípulos a todas las naciones, "y entonces vendrá el fin" (Mt. 24:14). Bajo esta gran visión, el Espíritu Santo conduce a las personas dentro de proyectos específicos para respaldar este plan. Dios enciende la pasión en su pueblo para que ellos vean las formas de satisfacer las necesidades a nivel local y global. La visión ardiente que resulta en ministerios específicos es la manera cómo Dios realiza su obra. Dios aún conduce a Su pueblo dentro de una Empresa Heroica.

❖

Preguntas para discusión

1. ¿Tiene usted el inicio de una Visión Ardiente que no abandona su mente? Resúmala en una oración o dos. Note: *Si usted está interesado/a acerca de la falta de pasión,* vea la Referencia "F", *"¿Qué, si no tengo pasión?"*
2. ¿Cómo recibió su Visión Ardiente?
3. ¿Cómo se desarrollaron estos pensamientos y sueños a lo largo de semanas, meses o años?
4. ¿Cómo se ajusta su Visión Ardiente con los propósitos de Dios en el mundo?
5. ¿Con cuál personaje bíblico se identifica usted a medida que considera su Visión Ardiente?

L l a m a d o   P e r s o n a l

¿Y quién sabe si para esta hora has llegado al reino? ~ *Ester 4:14*

1802

Para 1802 Meriwether Lewis, a finales de sus 20 años se había convertido en la opción obvia para liderar la expedición. Ya que en 1801, cuando Jefferson fue electo presidente, Lewis había estado sirviendo como secretario presidencial de Jefferson, un puesto similar a lo que hoy podríamos llamar "Jefe de Gabinete".

Jefferson había estado cerca de Lewis, su mentor personal por muchos años cubriendo una variedad de temas científicos y políticos. Jefferson conocía a Lewis como un hombre de "buena comprensión y verdadera fidelidad". Jefferson no tuvo ninguna duda acerca de la lealtad de Lewis o de sus capacidades para asumir la compleja tarea necesaria para cumplir con la visión. Bajo las instrucciones de Jefferson, Lewis se había convertido en un científico consumado, compartiendo la pasión de Jefferson por las plantas, animales, geografía, lenguas y culturas. En 1802, Lewis estaba en casa de Jefferson al momento del informe Mackenzie. Un informe sobre la descripción de la geografía del noroeste de Canadá, le fue entregado. Los dos lo devoraron juntos con placer.

Como un hombre joven, Lewis sirvió en el ejército, y con el tiempo vino a ser oficial pagador. Esta responsabilidad le requirió viajar a través de la frontera del oeste para pagar a los soldados. Allí fue donde aprendió sus habilidades y límites.

En 1793, Lewis fue uno de los intrépidos voluntarios que deseó conducir la expedición occidental que fue finalmente dirigida por el espía francés. Lewis fue pasado por alto a causa de su juventud (él tenía solamente 18 años), pero su pasión por la misión era digna de notar, y le ayudó a conseguir la tarea diez años más tarde, cuando le tocó la oportunidad.

Lewis tenía una curiosidad natural que le permitiría con todo entrenarse en todas las tareas científicas y ser llamado para ponerlo en práctica. Enormes cantidades de información científica había acerca de las personas, la vida salvaje y la geografía que él encontrara tendrían que ser registradas. Tendría que aprender a tomar medidas con las cuales elaborar un mapa, liderar un grupo de hombres dentro de un territorio desconocido, y regresar seguro. Esto fue un trabajo fuerte con incomparables riesgos.

Jefferson observó en Lewis varios casos de depresión, los que también, él había visto en el padre de Lewis. Aunque los estados de depresión no dejaron a Lewis afuera, fueron causa de preocupación para su habilidad de dirigir la misión. Además, los críticos dijeron que Lewis no estaba bien educado, y que era un hombre temerario.

Lewis mostró lapsos ocasionales de cordura. Por ejemplo, en 1803, cuando la expedición esperaba por suministros en Saint

Louis, Lewis propuso un viaje a Santa Fe, Nuevo México, en territorio español. Lewis pensó que podía hacer buen uso del tiempo en vez de esperar sin hacer nada. Jefferson se horrorizó. Una distracción semejante pondría en peligro la misión, pues podría representar la introducción de los españoles en la fórmula. Jefferson concluyó la discusión con firmeza haciendo hincapié en la misión de Lewis para encontrar una ruta directa de acceso al agua a través del río Missouri.

Jefferson no estaba ignorante de los defectos de Lewis, que parecía empeorar cuando Lewis se embriagaba demasiado. Sin embargo, poca gente tenía tales credenciales en botánica, historia natural, minerales, medicina y astronomía, junto con su firme constitución, cualidad de liderazgo, capacidad de aprender rápidamente, el conocimiento de los bosques del Oeste y contactos con las culturas aborígenes. No cabía la menor duda de que Meriwether Lewis era el hombre de Jefferson para aquél trabajo.

✧

MERIWETHER LEWIS tenía muchos puntos débiles, y sus críticos lo manifestaron abiertamente señalándolos. Sin embargo, Jefferson estaba seguro que Lewis era la persona para representarlo. De la misma manera, Dios eligió hombres y mujeres para representarlo, a pesar de las constantes acusaciones hechas por el enemigo. Dios ha usado y usará, gente imperfecta para llevar a cabo sus planes.

Una variedad de imperfecciones

Una vez que la visión está definida, el/la líder/lidereza correcto/a se necesita para llevar a cabo la tarea.

Dios llama a la gente para realizar su trabajo. Él llama a hombres y mujeres de varios trasfondos, edades y ocupaciones. Viendo en los ejemplos bíblicos, no existe un perfil único. Pueden ser adultos o jóvenes, experimentados o neófitos, arrogantes o inseguros, sin iniciativa o con iniciativa. Los líderes que Dios eligió eran tan diversos como ellos podían ser.

Estaban lejos de ser perfectos:

⋄ *Noé se embriagó al final de su misión.*

⋄ *Abraham mintió para salvar su vida.*

⋄ *José fue arrogante.*

⋄ *Moisés dudó de su tarea y tuvo a Aarón como su portavoz.*

⋄ *Barac insistió para que Débora lo ayudara en el ataque a los cananeos.*

⋄ *Gedeón fue un "don nadie" sacudiendo el trigo, que necesitó cuatro confirmaciones para aclarar sus dudas antes de creer en Dios.*

⋄ *Sansón fue indisciplinado, controlado por la sensualidad, y confió en gente inescrupulosa.*

- *Jefté fue el hijo ilegítimo de una prostituta, quien hizo un voto precipitado.*

- *David fue tristemente célebre por su adulterio y asesinato.*

- *Salomón cayó en la idolatría.*

- *El corazón de Ezequías se enorgulleció, no respondiendo adecuadamente a la bondad de Dios mostrada hacia él.*

- *Jonás abordó un barco en la dirección opuesta a su destino asignado, dirigiéndose tan lejos como podía.*

- *Pedro negó al Señor.*

- *Pablo asesinó a cristianos.*

- *Los apóstoles fueron hombres incultos.*

Casi todos los vicios conocidos por la humanidad se exhiben en estos representantes de la obra de Dios. Sin embargo, a pesar de sus imperfecciones, Dios trabajó a través de ellos. Esto da esperanza que Él puede usar a cualquier para hacer su trabajo.

Excusas

A veces, cuando la gente tiene una visión, buscan que alguien lo lleve a cabo. Como Moisés en la zarza ardiente, ellos presentan excusas tales como:

❖ *"Soy demasiado anciano"* *(Abraham inició siendo anciano).*

❖ *"Soy demasiada joven"* *(María fue probablemente una adolescente cuando ella fue llamada).*

❖ *"No tengo una buena educación o trasfondo"* *(Pedro fue un pescador de poca escolaridad, menos que un moderno niño de cuarto grado).*

❖ *"No soy de la raza o cultura adecuada"* *(Jonás fue muy diferente a las personas de Nínive a quienes él les predicó para que se arrepintieran).*

❖ *"No soy de la familia correcta (Gedeón fue el menor de la familia de la última tribu en Israel).*

Llevando a cabo el trabajo de Dios
Dios ya estaba en cada trabajo y en las vidas de su pueblo, cuando las asignaciones surgieron.

❖ *Moisés tuvo clases de categoría mundial al ser entrenado en la corte del Faraón, y asimismo conoció las "regiones inhóspitas" del desierto cuando él dirigió a los israelitas sacándolos de la esclavitud.*

❖ *Los años de David como un pastor de ovejas lo prepararon para proteger a las ovejas y defenderlas de las fieras, socorriéndolas como un poderoso guerrero. Los años de soledad lo formaron para decirse de él, "un varón conforme al corazón de Dios (1 Sam. 13:14).*

✧ *Nehemías, un copero del rey, tuvo acceso al rey de Persia y a todos sus recursos cuando fue el tiempo de reconstruir los muros.*

✧ *Setenta y dos discípulos vieron el ministerio de Jesús, antes de ser enviados de dos en dos a predicar las Buenas Nuevas.*

✧ *El entrenamiento de Pablo como un fariseo le sirvió para debatir con los judaizantes y otros maestros herejes.*

Dios especialmente preparó a Ester para su tarea. Entre las mujeres más bellas de los tiempos del rey Jerjes, Ester estaba en la cautividad persa cuando ella fue seleccionada como una reina para reemplazar a la depuesta reina Vasti. Ester había estado en el palacio solo un corto tiempo cuando ella recibió la noticia impactante de su tutor Mardoqueo. El más alto oficial del rey, Amán, estaba a punto de exterminar a todos los judíos que vivían en la tierra. Mardoqueo exhortó a Ester para pedir la misericordia del rey a su favor.

Ester explicó que obtener una audiencia con el rey no era algo simple de obtener, aún siendo ella la reina. El rey podía convocar a otros, pero nadie tenía la iniciativa de contactar al rey, bajo pena de muerte. Hacía treinta días desde que Ester había sido informada de la situación y estaba siendo presionada por Mardoqueo, quien le decía:

No pienses que escaparás en la casa del rey más que cualquier otro judío. Porque si callas absolutamente en este tiempo, respiro y liberación vendrá de alguna otra parte para los judíos; mas tú y la casa de tu padre pereceréis. ¿Y quién sabe si para esta hora has llegado al reino?

~ Ester 4:13-14

Confirmación

Tal y como Dios prepara a las personas para su llamado, él asimismo confirma su llamamiento por medio de señales milagrosas, o por el testimonio de otras personas. Dios usó la profecía de Jeremías para conducir al rey Ciro para la reconstrucción del templo. La liberación de los tesoros del templo, de parte del rey Ciro, robados décadas atrás de Babilonia, fue una confirmación más de la mano de Dios.

Cuando María visitó a Elizabet, quien no sabía del embarazo de su prima María, ella proclamó la confirmación de Dios, diciendo:

Bendita tú entre las mujeres, y bendito el fruto de tu vientre.¿Por qué se me concede esto a mí, que la madre de mi Señor venga a mí? Porque tan pronto como llegó la voz de tu salutación a mis oídos, la criatura saltó de alegría en mi vientre. Y bienaventurada la que creyó, porque se cumplirá lo que le fue dicho de parte del Señor.

~ Lucas 1:42-45

Como ellos, usted puede hacer grandes cosas,

Por la fe, el pueblo de Dios hace grandes cosas. Ellos:

"conquistaron reinos, hicieron justicia, alcanzaron promesas, taparon bocas de leones, apagaron fuegos impetuosos, evitaron filo de espada, sacaron fuerzas de debilidad, se hicieron fuertes en batallas, pusieron en fuga ejércitos extranjeros".

~ Hebreos 11:33-34

Dios aún hace un llamado personal a su pueblo para completar la Empresa Heroica para su gloria.

◇

Preguntas para discusión

1. Mire las personas que Dios usó para cumplir sus propósitos. ¿Cuáles eran sus defectos?
2. ¿Fueron sus fracasos mayores que los suyos? Si Dios pudo usarlos de manera poderosa, ¿Es Él capaz de usarlo/a a usted?
3. ¿Con cuál de los personajes bíblicos se identifica usted? ¿Por qué?
4. Dios está trabajando en las vidas de su pueblo, aún antes que fueran llamados a la Empresa Heroica. Al ver para atrás, ¿cómo fue la obra de Dios en su vida para prepararlo para hoy?
5. Mucha de la gente de Dios tiene excusas cuando Dios les da un encargo. ¿Tiene usted alguna excusa todavía? Si es así, ¿cuáles son? Si no es así, ¿Ha escuchado a otros poniendo excusas?

Preparativos Vitales

*Y Dios me envió delante de vosotros, para preservaros posteridad
sobre la tierra, y para daros vida por medio de gran liberación.*
~ Génesis 45:7

A principios de 1803

A pesar de todas las habilidades de Meriwether Lewis, pasiones,
intereses, lealtades y destrezas, él aún necesitaba recibir
considerable entrenamiento y hacer masivas cantidades de
preparativos antes que él estuviera listo para conducir la
expedición.

Con Jefferson como su tutor, Lewis había aprendido bastante.
Jefferson tenía la biblioteca más extensa del mundo en Norte
América. Pero Lewis aún necesita instrucción específica en
botánica, geografía, minerales, astronomía y etnología, así que
en 1803, Lewis fue a Filadelfia para tomar cursos intensivos de
los principales pensadores de la época.

Mientras estudiaba, él también necesitó prepararse para el viaje.
En un mar de incertidumbre, algunas cosas fueron conocidas.
Mapas precisos se fabricaron a partir de la conexión desde el
Missouri y el Mississippi (hoy día, cerca de St. Louis) hasta los
poblados de Mandan (hoy Bismarck, en Dakota del Norte). El río
Columbia también se había trazado hacia el interior desde el
Océano Pacífico a través de la actual Portland, Oregón. Hubo
conjeturas salvajes y la especulación acerca de lo que estaba en

medio. Se debió tomar exactas de medidas astronómicas a lo largo del viaje, así como se hizo un mapa exacto. Un entrenamiento en tomar medidas astronómicas y hechura de mapas era sumamente importante.

En este mar de incertidumbre, el proceso de planeación fue necesario que se llevara a cabo. Se procuraron provisiones, reunir un equipo y un cronograma determinado. Ellos podrían estar desabastecidos por un largo y desconocido periodo de tiempo. La predicción del total de provisiones fue especialmente difícil, cuando las plantas y animales vivos era desconocida. Si llevaban suficientes municiones, podrían vivir de la tierra? ¿Qué clase de medicina podrían necesitar con animales y reptiles acechándolos cerca? ¿Cuántos hombres se necesitarían y con qué habilidades? ¿Un gran bote? ¿Qué diseño? ¿Qué tipo de rifles? ¿De qué poder y alcance? ¿Cuántos recipientes para cocinar? ¿Qué otras herramientas? ¿Cuántas raciones podrían llevar? ¿Qué instrumentos científicos y libros se llevaría? ¿Cuántos recursos para pescar? ¡Detalles! ¡Detalles!

En términos de los nativos, que ellos podrían encontrar a lo largo de su camino, las órdenes de Jefferson fueron claras: "En todos sus encuentros con los nativos había que tratarlos amigablemente y de manera conciliatoria, de acuerdo con la conducta admitida e invitar a los jefes a venir a Washington a entrevistarse conmigo".

El rumor era que los nativos entre St. Louis y la villa de Mandan eran hostiles y estaban bien armados. Ellos tenían la reputación para exigir rescate a fin de dar paso seguro a lo largo del río Missouri. Habían muchas leyendas sobre las tribus nativas occidentales, especialmente los Sioux. Algunos especulaban que ellas eran las tribus perdidas de Israel o una tribu nómada de Gales. Tan grandes especulaciones crearon un nuevo conjunto de preguntas. ¿Cómo se podrían introducir relaciones amigables si las primeras tribus que encontraron resultaban hostiles? ¿Qué clase de regalos podrían ser aceptados por estas tribus nativas de las que no sabían nada?

Resultó ser una abrumadora tarea el responder a todas las preguntas, adquirir todo lo que se necesitaba, mientras se asistía a todos los estudios intensivos científicos conocidos por los norteamericanos en 1803.

El plan inicial era salir de St. Louis el 1° de agosto de 1803 con un grupo de 12 hombres, pasar el invierno en el pueblo nativo de Mandan, cruzar las montañas hacia el Pacífico y retornar a St. Louis antes del invierno en 1804.

Uno de los principales trabajos de Lewis había sido supervisar el diseño y construcción de un barco de hierro modular especial para el viaje por el río Columbia. A Lewis le encantó el barco, pero tuvo problemas en su construcción. Tuvo que pasar enormes cantidades de tiempo en el Harper Ferry, en Virginia, antes de ir a Filadelfia para su educación, para consternación de Jefferson. Jefferson temió que Lewis perdiera la fecha límite del 1 de agosto, por pasar tanto tiempo en este proyecto.

Las preocupaciones de Jefferson sobre la programación se cumplieron. Para el tiempo que el navío estuvo montado y la educación de Lewis completada, estaba claro que la expedición no estaba lista para salir para agosto de 1803 y podrían tener una espera hasta la primavera de 1804.

❖

TODOS LOS PROYECTOS requieren atención detallada y cuidadosa preparación. La Expedición de Lewis y Clark fue de los más complicados proyectos en la historia, pero incluso los proyectos más simples requieren preparación.

Preparación personal

Una vez que las personas son llamadas para iniciar un ministerio, a pesar del avance de la obra de Dios, a menudo hay aspectos adicionales de preparación antes de iniciar la Empresa Heroica.

En algunos casos, aspectos bíblicos adicionales o entrenamiento ministerial pueden ser necesarios. El Instituto Ministerial Urbano [TUMI] (Véase Referencia J) es un excelente recurso de entrenamiento ministerial.

Algunas personas necesitan servir bajo una persona experimentada antes de tomar el manto del liderazgo. Por ejemplo, Dios colocó a Josué bajo el liderazgo de Moisés a fin de prepararlo para el futuro.

Después de la conversión de Pablo, él fue entrenado e instruido por muchos años antes de que Dios lo enviara como un misionero en compañía de Bernabé (Hch. 13). Una nota sobresaliente del proyecto de Pablo y Bernabé que realizaron juntos fue la colecta para ayudar a los pobres de la iglesia de Jerusalén (Hch. 11:27-30). Esto debió haber sido un proyecto instructivo que preparó a Pablo y Bernabé para ser un equipo misionero efectivo.

De la misma manera Jesús "crecía y se fortalecía, y se llenaba de sabiduría; y la gracia de Dios era sobre él." (Lc. 2:40) y él "crecía en sabiduría y en estatura, y en gracia para con Dios y los hombres" (Lc. 2:52). Él pasó por muchos años de preparación en su hogar, con sus padres, antes que llegara su tiempo de ministerio público.

Logística y detalles

Además de la formación, a menudo hay detalles logísticos a considerar. Incluso antes que el rey supiera lo que estaba en la mente de Nehemías, éste ya había hecho su tarea, pensando en los suministros y el apoyo logístico que se necesitaría para reconstruir el muro. Para cuando el rey preguntó a Nehemías qué necesitaba, él ya tenía una respuesta:

> "Si le place al rey, que se me den cartas para los gobernadores al otro lado del río, para que me franqueen el paso hasta que llegue a Judá; y carta para Asaf guarda del bosque del rey, para que me dé madera para enmaderar las puertas del palacio de la casa, y para el muro de la ciudad, y la casa en que yo estaré".
>
> ~ Nehemías 2:7-8

Moisés recibió detalles precisos de parte de Dios acerca de cómo debía construir el tabernáculo y quiénes serían los artesanos asignados a cada tarea. Capítulo tras capítulo en Éxodo 25-31, Dios indica a Moisés qué materiales serían necesarios, cómo debía reunirlos, y cómo cada parte quedaría ensamblado.

A Josué se le dio una serie de instrucciones específicas para que el pueblo siguiera estrictamente para asegurar la caída del muro de Jericó. Se les indicó marchar alrededor de la ciudad siete veces cada día por una semana, y que dieran un gran grito, para ese tiempo los muros de Jericó caerían. Dios hizo el trabajo, pero tomó a Josué y a sus líderes algún esfuerzo para movilizar tal grupo de personas del pueblo.

David recibió una visión detallada por medio del Espíritu Santo acerca de los planes de construcción del templo. Incluía el pórtico, despensas, tesorerías, la parte superior, los cuartos internos, el atrio y el lugar de los holocaustos. David dio las instrucciones a su heredero Salomón acerca de la labor de los sacerdotes y los otros trabajadores, incluyendo cómo debían ser conducidos los servicios. Él fue específico acerca de los detalles de los candelabros, mesas, vajillas, y el altar, incluyendo el peso en plata y oro de cada artículo. David dijo: "Todas estas cosas, me fueron trazadas por la mano de Jehová, que me hizo entender todas las obras del diseño" (1 Cró. 28:19).

Ester fue amonestada por Mardoqueo para interceder a favor de los judíos, envió su especificaciones para los preparativos:

> "Ve y reúne a todos los judíos que se hallan en Susa, y ayunad por mí, y no comáis ni bebáis en tres días, noche y día; yo también con mis doncellas ayunaré igualmente, y entonces entraré a ver al rey, aunque no sea conforme a la ley".
>
> ~ Ester 4:16

La oración es siempre una Preparación Vital.

Antes de que Zorobabel empezara la reconstrucción del templo, él ayudó al pueblo a establecerse en sus ciudades después de sus setenta años de exilio. Luego él y sus compañeros sacerdotes iniciaron la construcción del altar para que el pueblo empezara a adorar. Con estos preparativos importantes en el lugar, el templo se pudo construir con plena determinación.

La preparación de Dios para José

El propósito de vida de José fue proporcionar un camino de salvación para su pueblo. José recibió la experiencia personal en la ejecución de técnicas de administración en la casa de Potifar, pero él fue también dotado por Dios en el área de detalles logísticos.

Cuando fue llamado a interpretar el sueño de Faraón, los oficiales del rey quedaron asombrados, no solamente por las habilidades de José para predecir el futuro, sino también por su estrategia sabiduría para tratar con la calamidad. José propuso el almacenamiento del grano que podía mantener en reserva durante los años de vacas flacas a fin de que "el país no perecerá de hambre" (Gn. 41:36). El faraón se impresionó de tal modo que dijo: "¿Acaso hallaremos a otro hombre como éste, en quien esté el Espíritu de Dios?" (Gn. 41:38).

José reconoció, años más tarde, que Dios le había preparado para esta tarea. Él confesó a sus hermanos: "Y Dios me envió delante de vosotros, para preservaros posteridad sobre la tierra, y para daros vida por medio de gran liberación" (Gn. 45:7).

Así como Dios preparó a su pueblo por medio de experiencias previas, el proyecto de líderes debe desear hacer el trabajo arduo para la Preparación Vital antes de perseguir la Empresa Heroica.[1]

◇

Preguntas para discusión

1. ¿Cómo Dios le/la ha preparado para su ministerio actual?
2. En los proyectos bíblicos, explique cuando la logística y detalles fueron importantes para llevar a cabo la visión.
3. ¿Por qué piensa que Dios tuvo a su pueblo en mucho trabajo y preparación para buscar su propósito? Por ejemplo, ¿por qué no simplemente crear el templo, en vez de instar a David y Salomón y tomar todo esos años para construirlo?
4. ¿Cuándo se ha encontrado en la tentación de saltar sobre el paso de la preparación vital y necesitó traer la visión a la realidad? ¿Cuáles fueron las áreas que estuvo tentado/a a saltar?
5. ¿Qué otro entrenamiento o preparación necesita para hacerlo/a más efectivo/a?

Notas

[1] Para ayuda práctica en la dirección a los Preparativos Vitales de su ministerio, vea las referencias siguientes:

Referencia C - *Proyectos: La conexión para la pasión ministerial*
Referencia D - *Cómo implementar la visión en su ministerio*
Referencia G - *Visión versus Metas: ¿Cuál es la diferencia?*

Equipo Comprometido

5

Apartadme a Bernabé y a Saulo para la obra
a que los he llamado. ~ Hechos 13:2

1803 - Mayo 1804

En 1803, cuando Lewis consideraba sus planes, se dio cuenta de la necesidad de un segundo oficial. Si Lewis moría, otro oficial podría retornar con los registros y descubrimientos. Un segundo oficial podría también reforzar la disciplina. Lewis inmediatamente pensó en su antiguo comandante del ejército, William Clark. Clark era un duro leñador acostumbrado a mandar, un buen barquero y un excelente topógrafo y cartógrafo. La inclusión de Clark daría un beneficio adicional. Él traería a su esclavo afro-americano de confianza, York, a unirse a la expedición. La experiencia de York, su talento y valentía contribuirían al éxito de la misión.

Dónde Lewis era inestable, Clark era fuerte, y viceversa. Ambos fueron competentes para la empresa, eficaces y líderes confiables de los hombres. Aunque un mando dividido casi nunca funciona en el ejército (desacuerdo entre los comandantes puede provocar la muerte de la unidad), Lewis confió que funcionaría con Clark.

Aunque compartirían el mando, cada uno tendría funciones específicas. Clark se las arreglaría con el barco y con las lecturas del mapa, en tanto que Lewis caminaría por la orilla para recoger datos y especímenes. Lewis asimismo se nombró

médico, ya que él estudió bajo el famoso médico de ese
tiempo, Benjamín Rush. Lewis sabía qué hacer con la rotura de
huesos, controlar la disentería o el garrotillo (conocida también
como laringotraquebronquitis. Enfermedad en las vías
respiratorias superiores e inferiores), se familiarizó con el uso de
yerbas silvestres para tratar varias dolencias. Lewis tendría un
pobre botiquín para emergencias, debía improvisar usando todo
lo necesario y lo que daba la naturaleza a lo largo del viaje.

Con la estructura de mando en orden, Lewis se lanzó a
conformar el resto del equipo. Él necesitaba doce soldados
saludables, de buen carácter, que fueran eficientes cazadores.
El éxito de la empresa dependería de la cuidadosa selección de
la capacidad y compatibilidad de los hombres. Un largo viaje a
campo abierto, lleno de parajes desconocidos, podría ser difícil
si al equipo le faltaba compromiso con la visión. El 4 de julio de
1803, la compra de Louisiana fue anunciada al público, lo cual
incrementó el interés nacional en la expedición. La noticia sobre
el reclutamiento salió a la frontera del oeste, así Lewis y Clark
pudieron ser altamente selectivos.

A Lewis le dieron la autorización para contratar guías no
militares e intérpretes que podrían contribuir al éxito de la
expedición, pero que tuvieran las características de soldados
duros y con carácter. Uno de los miembros no militares fue
George Drouillard, un cazador-trampero y explorador. Él era
eficiente en culturas nativas e idiomas, sabía francés y lenguaje
de señas, se tuvo una buena referencia de él, lo que hizo que se
le diera la bienvenida como miembro de la expedición.

En noviembre de 1803, el equipo en desarrollo partió de St.
Louis en el río Mississippi hacia la confluencia del río Missouri

en St. Charles, donde ellos podrían empezar su expedición en la siguiente primavera, si la fuerza del Mississippi se los permitiera. Les llegó a ser claro que necesitarían un equipo más grande. Ellos necesitarían mucho más músculos. Funciones más específicas deberían ser asignadas, tales como una persona para vigilar los árboles y los cambios de corrientes. Como resultado se duplicó el tamaño del equipo.

Más hombres significaban más suministros y nuevos planes. Nueva autorización fue necesaria departe del presidente para gastar más dinero. Ellos tuvieron que reorganizarse y conseguir un abastecimiento adecuado. Ésta no era una tarea pequeña en 1803 cuando tomaba de seis a ocho semanas transportar abastecimientos del este y, muchas semanas para el correo, viajar de ida y vuelta.

El equipo estaba acampado desde hacía cuatro meses en St. Charles y tenían muy poco en qué ocuparse. Eran hombres jóvenes, en buena condición física, esperando para iniciar su aventura, por lo que luchaban, bebían y eran a veces insubordinados. Sabían que esta expedición sería el punto culminante de sus vidas, si sobrevivían. Estaban seguros y con ganas de hacer historia. Pero fueron forzados a esperar por abastecimientos.

Según se acercaba la fecha de la partida, se celebró una ceremonia para dar de alta a los veinticinco miembros del Cuerpo de Exploración, quienes fueron "destinados para la expedición a través del interior del continente de Norte América". Otros cinco miembros podrían pasar el invierno en Mandan, y regresar con los reportes y especímenes. Ellos fueron divididos en tres escuadrones con un sargento supervisando a cada uno.

Un problema complejo apareció cuando la comisión de Clark no se le dio el rango prometido de capitán. Lewis se puso furioso, pero Clark pasó por alto el insulto por el bien de la expedición. A los hombres nunca se les informó y ellos muy bien sabían, que ambos Lewis y Clark, eran los capitanes.

Finalmente, el 14 de mayo de 1804, el grupo dejó St. Charles con espíritu alegre. Su Empresa Heroica de subir el Río Missouri había iniciado. Salieron para conectar el otro lado del mundo. No habría pedidos, comisiones, provisiones frescas o refuerzos. Ellos se iban por dos años. No habría más orientaciones de los superiores. Lewis y Clark fueron un comando militar independiente, lo que nunca había sucedido desde entonces.

Sobre el río, enfrentaron fuertes corrientes, y encontraron una variedad de islas, bancos de arena y canales estrechos. Árboles arrancados que habían caído al río les hacían difícil el camino, y que tuvieron que empujarlos a la orilla, junto con las ramas y raíces y que amenazaba con agujerear el bote. Esto fue más traicionero que el cruce del Mississippi.

La quilla de su bote era un desastre con carga a bordo e ir río arriba era algo más que imposible. A menos que no tuvieran viento a su favor ellos empujaron y tiraron el bote río arriba. En momentos ellos tiraron de uno y otro lado del bote y cuidaban que no volcara. Las condiciones a bordo requerían que todos fuesen duros, rápidos y estuviesen en alerta. Gracias al esfuerzo de los hombres, el barco y su contenido fueron salvados de volcar en innumerables ocasiones. Ellos estuvieron siempre listos para hacer cualquier esfuerzo requerido por causa de la meta. El Equipo se reunió con un francés que conocía al hermano de Clark y era entendido en el lenguaje de los Yankton Sioux. Una de las metas de la expedición fue enviar a uno de los jefes Sioux a visitar a Jefferson en Washington D.C., y podrían necesitar un guía para alcanzar la meta. Así que ellos persuadieron al francés a unirse al equipo como un compañero de regreso a la capital de la nación.

Algunos miembros del equipo fueron asignados a tareas diarias de caza. A los sargentos se les delegó autoridad sobre varias partes del barco. Bajo su mando se entregó la dirección del manejo, el equipaje, la brújula, las velas, remos y el mirador. Otros fueron asignados a proteger la embarcación de los escombros flotantes o alertar de peligros en la proa tales como bancos de arena o bañeras de hidromasaje.

Ellos empezaron a entender a como trabajar como un equipo.

⟡

LEWIS Y CLARK mostraron su habilidad de liderazgo al asignar papeles específicos a personas talentosas. Cada persona hizo una contribución única a la empresa total. Lewis y Clark compartieron juntos el mando de la operación cada uno usando su propia fortaleza. Una colaboración que requirió abnegación, y una firme creencia en la fortaleza de otros para compensar sus propias debilidades.

Los más grandes proyectos envuelven un equipo de personas comprometidas con la visión. Los equipos dan a un proyecto la fortaleza de talentos diversos, experiencias, y un ánimo mutuo. Trabajar en equipo se realizan tareas que pueden ser terminadas en mucho menos tiempo y con menos esfuerzo, que realizarlas individualmente. En el ministerio, los líderes necesitan creer en otros miembros del equipo, porque ellos tienen dones espirituales que los líderes no tienen. Un líder de proyecto puede colaborar con confianza, porque el Espíritu Santo puede ser real para realizar el trabajo en otros.

El poder de equipo

Moisés y Aarón sirvieron juntos, compartiendo la carga de la responsabilidad. Dios usó a Aarón como una confirmación del llamado de Moisés. En la zarza ardiente, Dios dijo a Moisés que Aarón ciertamente saldría al encuentro de Moisés. Dios a veces confirma su llamado a través de otros.

Dios asimismo instruyó a Moisés para el envío de un equipo de doce espías para explorar la Tierra Prometida, con un representante de cada tribu. Moisés utilizó la representación tribal en otras dos ocasiones cuando Dios le ordenó tomar un censo del pueblo.

Ester y Mardoqueo trabajaron juntos como equipo. Ester estuvo en la posición de poder, pero fue lo suficiente humilde para escuchar las advertencias de Mardoqueo. Ella pudo haber ejercido con orgullo su autoridad como reina, pero se mantuvo dócil a los consejos sabios.

Mardoqueo confió que Ester seguiría adelante con sabiduría y valentía.

Cuando el rey Ciro envió de regreso a los exiliados para reconstruir el templo, Zorobabel fue uno de los muchos miembros del equipo para llevar a cabo el proyecto. Cuando los israelitas se establecieron en sus propias ciudades, el pueblo se reunió como un solo hombre en Jerusalén. Entonces Josué, hijo de Josadac y sus compañeros sacerdotes y Zorobabel, hijo de de Salatiel, y sus amigos empezaron la reconstrucción del altar de Dios (Esd. 3:1, 2).

Se dividieron las tareas según sus especialidades. "Y dieron dinero a los albañiles y carpinteros; asimismo comida, bebida y aceite a los sidonios y tirios para que trajesen madera de cedro desde el Líbano por mar a Jope" (Esd. 3:7).

Algunos tienen una visión para un proyecto y descubren que es la voluntad de Dios que otros la completen. Tal fue el caso de David y el templo. Estuvo en el corazón de David construir un lugar para que el arca habitara; un lugar para honrar al Señor. Pero fue su hijo Salomón, quien finalmente completó aquél sueño. A veces un equipo envuelve personas que se suman en diferentes fases para alcanzar la realización del proyecto.

Durante sus viajes misioneros, el apóstol Pablo continuamente mostró su compromiso por un equipo ministerial formando grupos apostólicos para acompañarle. Pablo y Bernabé se unieron como el primero de esos equipos, cuando la iglesia de Antioquía les impuso las manos. Por palabra profética, Dios les dijo: "Apartadme a Bernabé y a Saulo para la obra a que los he llamado" (Hch. 13:2). Pablo tuvo otros compañeros de equipo incluyendo a Lucas, Silas, Timoteo, Erasto, Sópater, Aristarco, Segundo, Gayo, Tíquico y Trófimo (Hch. 20:4-5).

Cuando fue el tiempo de enviar a sus setenta y dos discípulos para realizar ministerio, Jesús los envió de dos en dos. Él conocía el poder de la experiencia participativa, el estímulo mutuo, y la dependencia mutua.

Compromiso compartido para la visión

Escoger la gente correcta, quienes comparten la visión, es un aspecto crítico para la Empresa Heroica. Clark demostró su compromiso para la visión, cuando el pasó por alto la afrenta al no recibir el prometido rango de capitán. Él tuvo un derecho para quejarse y causar una escena, pero él se quedó callado por el bien de la expedición.

Zorobabel mostró sabiduría previniendo al pueblo de no dejar a otros unirse a ellos porque no compartían la visión.

Sucedió que cuando los adversarios de Judá y Benjamín escucharon que los que regresaron del exilio estaban construyendo un templo para el Señor, el Dios de Israel, ellos se acercaron a Zorobabel y a los jefes de las casas paternas y les dijeron: "Edificaremos con vosotros, porque como vosotros buscamos a vuestro Dios, y a él ofrecemos sacrificios".

~ Esdras 4:1-2

Zorobabel vio a través de su decepción y actuó.

Zorobabel, Josué, y el resto de los jefes de las casas paternas dijeron: "No nos conviene edificar con vosotros casa a nuestro Dios, sino que nosotros solos la edificaremos a Jehová Dios de Israel".

~ Esdras 4:3

Un constructor de equipo dotado

Nehemías mostró cómo construir un equipo comprometido. Cuando Nehemías llegó a Jerusalén para reconstruir el muro, mantuvo su misión en secreto. Luego de tres días dijo: "me levanté de noche, yo y unos pocos varones conmigo, y no declaré a hombre alguno lo que Dios había puesto en mi corazón que hiciese en Jerusalén" (Neh. 2:12). Con estos hombres acompañándole examinó a fondo las partes importantes del muro que había sido destruido. Sin detallar su visión, él permitió a los hombres ver la devastación en gran detalle. Entonces dijo:

"Vosotros veis el mal en que estamos, que Jerusalén está desierta, y sus puertas consumidas por el fuego; venid, y edifiquemos el muro de Jerusalén, y no estemos más en oprobio" Y les testificó "cómo la mano de mi Dios había sido buena sobre mí" y también de las palabras que el rey me dijo. Y ellos dijeron: "Levantémonos y edifiquemos". Así ellos esforzaron sus manos para el bien.

~ Nehemías 2:17-18

El equipo de Nehemías estaba con la misma mira, por la presentación de la necesidad, y el ánimo debido a la provisión sobrenatural de Dios por medio del rey.

Nehemías es también un gran tema de estudio sobre la delegación e inspiración. Él designó un equipo de líderes para el encargo del proyecto de construcción en varias partes. Su hábil liderazgo resultó en la finalización del trabajo en tiempo record ya que "el pueblo trabajó con entusiasmo" (Neh. 4:6, NVI).

Un equipo talentoso, puede realizar la tarea alegremente. Los Miembros del Equipo pueden causar problemas ocasionales, sin embargo son una bendición y fundamentales para la Empresa Heroica.

◇

Preguntas para discusión

1. ¿Cómo hizo uso del trabajo en equipo Meriwether Lewis?
2. ¿Cuál ha sido su experiencia de trabajo en equipo?
3. ¿Cómo hacen la diferencia los dones del Espíritu Santo para completar un proyecto?
4. ¿Cuáles son los aspectos negativos de tener un equipo? ¿Cuándo prefiere trabajar usted mismo?
5. ¿Por qué es importante un equipo para completar un proyecto?

Sección II: Triunfo y pena

"Yo *alegremente me uniré a usted y
participaré de los peligros, dificultades,
fatigas, y preveo los honores y recompensas
del resultado de tal empresa*".

~ Aceptación de William Clark a la invitación de Lewis
a co-dirigir la expedición

Complicaciones Internas

"Y se quejaron contra Moisés y contra Aarón todos los hijos de Israel; y les dijo toda la multitud: ¡Ojalá muriéramos en la tierra de Egipto" ~ *Números 14:2*

Julio - Agosto 1804

Para el 4 de Julio de 1804, en la independencia de Norteamérica, la expedición estaba entrando en un nuevo terreno, regocijándose en la entrada a una amplia y hermosa pradera abierta. Descubrieron una caleta desconocida, llamándola entonces "Cala de la Independencia" en honor a su país de origen. La belleza de la hierba, las colinas y valles era abrumadora. Estaban muy emocionados de comenzar la clasificación de los nuevos animales y plantas, que no se veían en el continente oriental, entre ellos el tejón, el perro de las praderas, búfalos, antílopes, liebres, venados, alces, la urraca, y el coyote. Una ración especial de whisky y un disparo desde el cañón ayudó a los hombres a celebrar el Día de la Independencia.

Los hombres quitaron su atención a los peligros por delante. Siempre en la mente de Lewis estuvieron las tribus aborígenes a lo largo del Missouri y más allá. Lewis sabía que llevaba un arsenal sin precedentes de armas que podrían tentar a las tribus nativas. Cualquier nación aborigen en posesión de estas armas podría llegar a dominar la región durante un largo tiempo. A pesar de todo, su armamento era lo suficientemente intimidante para ahuyentar a las pequeñas avanzadas de guerra, pero un grupo grande podía fácilmente vencer a los hombres de Lewis y Clark.

La esperanza de Lewis era que los nativos pudieran hablar y negociar, antes que intentar aniquilar al grupo. Él no quiso una pelea, sino él y Clark querían estar seguros de nunca caer en una trampa por sorpresa. Un campamento de hombres durmiendo podía ser una gran tentación, así que ellos acampaban sobre islas cuando era posible.

El 2 de agosto, se encontraron con los Otos, su primera tribu de nativos. Lewis y Clark preguntaron si un tratado de paz podría negociarse entre los Otos y los Sioux. Los Otos dijeron que esto era probable, pero les costaría al grupo algo de licor para hacerlo posible. Si bien los Otos no quedaron impresionados con el tabaco, pintura y collares que se les ofreció. El primer encuentro de la expedición con los nativos les fue relativamente bien. A pesar de estos acontecimientos que apuntaban a ser exitosos, desde su inicio, el grupo podía pronto enfrentarse con muchas dificultades.

El 18 de agosto, uno de los miembros, Moses Reed desertó del grupo. Cuando se le capturó, fue llevado a una corte marcial, se le halló culpable, castigado y proscrito del grupo. Se le obligó a devolver la escopeta y fue enviado de regreso a St. Louis con el grupo en la próxima primavera.

Otro problema disciplinario apareció después. Una vez más estaba implicado el soldado raso Reed. Él era un gruñón que infectó las actitudes de otros elementos del grupo. Era un crítico de los capitanes, y pronto otro soldado raso Newman se asoció con Reed. Ambos fueron arrestados y enviados a una corte marcial. El castigo de Newman iba a ser "desechado", que en su jerga representa un severo y personal reproche por su comportamiento.

Todos los días, Lewis podía hacer observaciones en su diario, llevando su rifle y *"espontoon"* de confianza (una combinación de espada y varilla que podía ser usada para montar su rifle a fin de hacer tiros cómodos). Un día mientras Lewis caminaba junto a los acantilados escarpados, se resbaló y rodó hacia una caída de trescientos metros río abajo. Justo cuando estaba a punto de caer, hundió su cuchillo en la ladera y se arrastró seguramente hacia lugar llano.

Mientras tanto, uno de los líderes claves de la expedición, el Sargento Floyd, se había vuelto cada vez más enfermo. Finalmente el 20 de agosto, falleció de lo que hoy parece haber sido una apendicitis. Fue enterrado en un acantilado hermoso, a lo largo del río, en lo que fue llamado "Despeñadero Floyd" en su honor.

El 27 de agosto se reunieron para una fiesta con los Yankton Sioux con todas sus galas y cuatro músicos. Aunque parecían tener un sentido de lo tenso de la ocasión, todo resultó ser amigable. Lewis y Clark les ofrecieron presentes, pero los jefes tribales querían municiones. Los capitanes solían negociar con un solo jefe (con quien se percibía como el líder principal), lo cual resultó ser un agravio cultural. Sin embargo el objetivo de los Yankton por amistad, supero los errores de la expedición. En la fiesta fueron invitados a su danza ceremonial y a pasar la noche en el pueblo.

Un día, el soldado raso Shannon, se retrasó al regresar de una partida de caza. Colter fue enviado a buscarlo; cuando él no regresó, se envió también a Drouillard. Ellos encontraron las huellas de Shannon y concluyeron que se había adelantado al grupo, pero Shannon pensó que iba a la zaga, en el percance se pensó que él estuviera hambriento y asustado. Ellos finalmente lo encontraron después de dieciséis días de búsqueda. Doce días de los cuales Shannon había estado cazando sin municiones. Él había matado algunos animales pequeños con puras estacas y sobrevivió comiendo frutas y bayas.

El viaje se hacía complicado

❖

TENER UN EQUIPO hace posible la expedición, pero los equipos, asimismo pueden ser la causa de la dificultad. Los miembros del equipo pueden rebelarse contra el mando. Pueden reñir unos con otros. Los miembros del grupo toman recursos. Necesitan ánimo, comida o pago. Pueden ser víctimas del cansancio o de la pereza. Así como Shannon, pueden perderse y toma tiempo y energía retroceder para encontrarlos. A veces los proyectos se tornan difíciles, porque se trata de la participación de otras personas.

Es doloroso, cuando se retrocede, y la congoja y fracaso viene de aquellos a quienes se les ha encomendado la visión. En la guerra, cuando los soldados mueren en las manos de sus propios camaradas, es lo que se llama "fuego amistoso". A veces el fuego amigable toma lugar en la iglesia, cuando las personas critican, crean discordia y la confusión, o caen en conductas pecaminosas.

Los líderes no debieran de sorprenderse de descubrir que su equipo está compuesto por personas falibles, quienes fallan de distintas maneras. La Biblia está llena de ejemplos.

Desacuerdos

Hay desacuerdos que pueden ser legítimos entre personas de buena voluntad y comprometidas. Estas situaciones son complicadas. Pablo tuvo una maravillosa amistad con sus compañeros de equipo, pero a sus compañeros no les faltaron los problemas. Juan Marcos fue expulsado del equipo después de su fracaso para continuar en el primer viaje misionero. Esto causó tal disgusto entre Pablo y Bernabé que el equipo se dividió y ambos prosiguieron por caminos separados (Hch. 15:39).

Crítica

Moisés sintió la frustración de la constante crítica de los israelitas. Vez tras vez, el pueblo vio la obra liberadora de Dios cuando fueron sacados de Egipto. Sin embargo, al borde de su destino, en la frontera de la tierra prometida a Abraham, diez de los doce espías entregaron un mal reporte, incitando así la rebelión entre el pueblo. El pueblo de Israel, a pesar de las protestas de Josué y Caleb, se rebelaron contra Dios y Moisés, lamentando amargamente su liberación de la esclavitud.

> Entonces toda la congregación se levantó a llorar a gritos, y la gente lloró toda la noche. Y todo el pueblo de Israel se quejó contra Moisés y Aarón. El pueblo entero les dijo: "Ojalá muriéramos en la tierra de Egipto; o en este desierto ojalá muriéramos! ¿Y por qué

nos trae Jehová a esta tierra para caer a espada, y que nuestras mujeres y nuestros niños sean por presa? ¿No nos sería mejor volvernos a Egipto?" Y ellos se dijeron unos a otros "Designemos un capitán, y volvámonos a Egipto".

~ Números 14:1-4

La desesperación de los líderes fue dramática, "Entonces Moisés y Aarón se postraron sobre sus rostros delante de toda la multitud de la congregación de los hijos de Israel" (Núm. 14:5). La rebelión en Cades Barnea fue un devastador retroceso para los hijos de Israel. Qué decepcionante cuando las personas se rebelan y el progreso se estanca.

En el Nuevo Testamento, Pedro sintió el pinchazo de la crítica de otros en la iglesia, cuando él quebrantó la tradición judía al visitar la casa del gentil Cornelio. El pueblo de Dios puede allanar la desaprobación, hasta cuando los líderes sean obedientes a la dirección de Dios.

Resentimiento

Los líderes pueden enfrentar el resentimiento de los más cercanos a ellos. José sufrió la traición de sus hermanos celosos, quienes lo vendieron a la esclavitud.

Cuando David se ofreció voluntariamente para pelear contra Goliat, sus hermanos se enojaron con él, diciendo, "¿Para qué has descendido acá? ¿y a quién has dejado aquellas pocas ovejas en el desierto? Yo conozco tu soberbia y la malicia de tu corazón, que para ver la batalla has venido". ~ 1 Samuel 17:28

Mal consejo

Los miembros del equipo pueden tener buenas intenciones, pero pueden causar problemas al dar un mal consejo. Cuando David se dispuso a pelear contra Goliat, Saúl vistió "a David con sus ropas, y puso sobre su cabeza un casco de bronce, y le armó de coraza" (1 Sam. 17:38). David rechazó la armadura de Saúl, porque él no estaba acostumbrado a ella. Los motivos de Saúl fueron buenos, pero su enfoque estaba equivocado.

Traición

El dolor de la traición puede ser la más devastadora de las complicaciones internas. Josué vagó por el desierto durante cuarenta años en una decepción después de la rebelión en Cades Barnea. Ahora bajo su liderazgo, él experimentó un nuevo revés desgarrador. Seguido de la espectacular victoria en Jericó, los israelitas fueron derrotados en Hai, debido a la desobediencia de Acán. Aun cuando los israelitas fueron instruidos claramente a no tomar ningún botín de Jericó, Acán secretamente tomó unas baratijas y los escondió debajo de su tienda. Dios reveló a Josué que aquel pecado de Acán fue la causa del fracaso de Israel (Jos. 7).

El caso típico de complicaciones internas es el de Judas Iscariote, cuyo nombre es sinónimo de traición. Uno de los doce que escogió Jesús, traicionó al Señor. Señaló a Jesús para arrestarlo.

Descuerdo. Crítica. Resentimiento. Traición. Mal consejo. Estos son algunos de los ejemplos que pueden bloquear el progreso de la Empresa Heroica. Podría no ser sorpresivo cuando esto ocurra. Los líderes de Dios deben encontrar sabiduría en cada situación y él les ayudará desde el principio hasta el final.[1]

◇

Preguntas para discusión

1. ¿Cuáles fueron algunas de las Complicaciones Internas que Meriwether enfrentó con su equipo?
2. Desde los acontecimientos bíblicos, ¿cuáles son algunos de los problemas que los líderes encararon con sus grupos?
3. Si Dios llamó a los líderes para completar sus proyectos, ¿por qué existe tanta Complicación Interna para llevar a cabo la tarea?
4. En su propia experiencia, ¿qué Complicaciones Internas ha experimentado Ud. en su ministerio?
5. ¿Qué clase de Complicaciones Internas podría esperar en su propio ministerio? ¿Cuáles piensa Ud. que nunca le podrían sobrevenir? ¿Por qué?

Notas

[1] For practical guidance in dealing with Internal Complications, see the following references:

> Referencia A - *¿Qué es la sabiduría?*
> Referencia B - *PTR: Un punto de referencia para tomar decisiones, resolver problemas y administrar proyectos*
> Referencia E - *Discerniendo la voluntad de Dios*
> Referencia I - *Desarrollando hábitos de sabiduría*

Oposición Fuerte

"Y le dijo Faraón: Retírate de mí; guárdate que no veas más mi rostro, porque en cualquier día que vieres mi rostro, morirás".
~ Éxodo 10:28

Septiembre - Octubre 1804

En Septiembre 23 de 1804, el Cuerpo de Exploración se reunieron con los temibles habitantes Tetón Sioux. Navegando a orillas del río azarosamente, el Tetón dirigió la expedición hasta su pueblo. Los capitanes estuvieron en guardia. Durante un encuentro anterior con las tribus Omaha, el grupo fue advertido que los Tetón estaban conspirando para robarles sus bienes. Lewis y Clark indicaron su intención de llegar como amigos, pero que no dudarían en defenderse si llegaran a ser atacados. Las dos culturas cautelosamente intercambiaron presentes y discursos.

Los jefes se mostraron impresionados con los dones que les ofrecieron, así que Lewis y Clark les invitaron al barco a beber un poco de whisky. Cuando los jefes pidieron más, los capitanes se negaron y formaron un grupo de soldados que cortésmente se ofrecieron para escoltar a los jefes a la costa. Los jefes se resistieron de modo que tuvieron que ser forzados a abordar una canoa. Dos guerreros tomaron la dirección de la embarcación (la cuerda atada a la embarcación) y un tercero tomó el mástil. Los jefes protestaron no haber recibido suficientes regalos y demandaron una canoa cargada con suministros antes de que le permitieran a la expedición proseguir su camino.

Clark haló su espada y ordenó a sus hombres armarse. El cañón fue balanceado alrededor. Los guerreros tomaron sus arcos y apuntaron sus rifles. Fue un momento dramático. La expedición era superada en número. Esto fue el tipo de momento que Jefferson temió cuando ordenó a Lewis mostrar reserva con los nativos. Lewis mantuvo encendida la vela sobre el cañón, listo para el combate. Clark conservó su espada fuera de su vaina. Finalmente, uno de los jefes, Búfalo Negro, pasó al frente para impedir la hostilidad.

Búfalo Negro tomó la bolina de los guerreros y les indicó desembarcar. Otros se juntaron en la orilla, con sus arcos tensos todavía con flechas. Lewis y Clark indicaron su intento para proceder. Los jefes se juntaron. Clark lanzó su espada lejos y caminó hacia los jefes con su mano extendida en son de paz, pero los jefes no devolvieron el gesto. Clark dio la vuelta y ordenó a sus soldados subir a la canoa y regresar al barco. Los jefes caminaron dentro del agua detrás de él, diciendo que ellos deseaban dormir en la cubierta del barco aquella noche. Clark consintió.

El día siguiente, los jefes fueron llevados a la ribera. La paz había sido restaurada. El Cuerpo de Exploración fue invitado dentro de la aldea para un atardecer de celebración y danza.

Después de las celebraciones, cuando Clark regresó al barco, para descansar por la noche, su canoa se descontroló y fue a dar contra la quilla del barco. Los gritos de Clark alarmaron a los guardias Tetón. En la confusión de la oscuridad y los idiomas diferentes, los Tetón abrieron fuego pensando que estaban bajo el ataque de una tribu rival. Luego, doscientos guerreros se alinearon a la orilla del río. Lewis puso en guardia a la expedición con rifles de viento. Pronto, todos cayeron en la cuenta que esto fue una falsa alarma y volvieron a dormir.

A la mañana siguiente, la costa estaba llena de guerreros bien armados. Búfalo Negro vino a bordo y pidió al capitán permanecer otro día más. Antes que el capitán pudiera rechazar, unos guerreros se apropiaron de la "bolina" ("*bowline*", una cuerda para mantener una vela tensa) de guía. Búfalo Negro insistió en obtener tabaco. Lewis consideró esto como un soborno que se atribuyen los Tetón, como un derecho de peaje, por lo que Lewis se negó.

El jefe entonces exigió una bandera y tabaco. Clark lanzó un puro de tabaco en la playa y exigió soltar la bolina, mientras encendía los cañones. Como Búfalo Negro demandó aún más tabaco, Lewis tiró un manojo a la playa. El jefe tomó la bolina de las manos de los guerreros. La confrontación había terminado, pero no había quedado una impresión favorable. Apenas si lograron evitar un intercambio desastroso, lo que aumentó su preocupación sobre su retorno.

La expedición continuó con su camino, encontrándose con los osos grizzlis por primera vez. También se encontraron con la tribu Arikara; los que se reunieron con Lewis eran campesinos oprimidos por los Sioux. Tuvieron un buen intercambio y creyeron que podían negociar una paz mutua entre las naciones en guerra, lo que aumentaría la diplomacia y la amistad con los

Estados Unidos. Ofrecieron whisky a los Arikara, pero estos lo rechazaron. Dijeron: "¿Por qué nos ofrecen algo que nos hace actuar como tontos?" Descubrieron así que no hay dos tribus iguales.

◇

LEWIS SABÍA la posibilidad de enfrentarse a las tribus que podían estar en oposición a su paso a lo largo del río Missouri. De la misma manera, no es sorpresa cuando las personas ajenas al equipo se interponen en los proyectos divinos. Los líderes de proyectos de Dios han enfrentado Oposición Fuerte en muchas maneras.

Calumnia
La esposa de Potifar intentó seducir a José, y cuando ella fue rechazada, ella mintió acerca de José y lo encarceló.

Desánimo
Zorobabel fue enviado por el rey Ciro para reconstruir el templo de Jerusalén. Los enemigos de Judá y Benjamín que vivían en los alrededores de Jerusalén se alarmaron. Ellos deseaban mantener su poder en la región y temían que los judíos recuperaran el control político. Así que ellos "Sobornaron además contra ellos a los consejeros para frustrar sus propósitos, todo el tiempo de Ciro rey de Persia y hasta el reinado de Darío rey de Persia" (Esd. 4:5). ¡Esta oposición continuó en diversas formas por más de quince años (sobrepasando el reinado de dos diferentes reyes)!

Amenazas de muerte

Los jueces

Durante el tiempo de los Jueces, los madianitas, filisteos y amonitas estaban entre los pueblos de la región buscando destruir a los judíos. Esto movió a Sansón, Débora, Barac y Jefté a la acción.

Moisés

Faraón se colocó a sí mismo como una piedra contra los repetidos ruegos de Moisés para dejar en libertad a los israelitas. Cuando Moisés y Aarón se presentaron la primera vez ante Faraón, el rey respondió castigando a los esclavos israelitas. Dios endureció progresivamente el corazón de Faraón, usando cada una de las plagas sucesivas contra los egipcios. Finalmente al tiempo de la última plaga, ellos vinieron y Faraón amenazó a Moisés con la muerte, diciendo, "Retírate de mí; guárdate que no veas más mi rostro, porque en cualquier día que vieres mi rostro, morirás" (Éx. 10:28).

David

Goliat desafió al ejército del Dios de Israel de manera atrevida, haciendo amenazas sanguinarias. Su temible tamaño provocó que Saúl y su ejército "se turbaran y tuvieran gran miedo" (1 Sam. 17:11). Cuando David se ofreció voluntariamente pelear contra Goliat y se acercó a él en la batalla, Goliat lo menospreció, diciéndole:

"¿Soy yo perro, para que vengas a mí con palos? Y maldijo a David por sus dioses. Dijo luego el filisteo a David: Ven a mí, y daré tu carne a las aves del cielo y a las bestias del campo".

~ 1 Samuel 17:43-44

Ester

Amán era el hombre más poderoso en Persia, el segundo después del rey Jerjes. Odiaba a Mardoqueo, el judío que reusó inclinarse ante el orgullo de Amán. Éste determinó matar no solamente a Mardoqueo, sino a todos los judíos a causa de la ofensa de Mardoqueo. Amán engañó al rey emitiendo un edicto que podía destruir a todos los judíos que estaban exiliados bajo el vasto imperio persa.

Nehemías

Nehemías enfrentó un grupo diferente de enemigos cuando él se esforzó reconstruir el muro alrededor de Jerusalén. Tan pronto como se filtró la noticia, Sanbalat y Tobías, oficiales de la región se mofaron y lo ridiculizaron, diciendo "¿Qué es esto que hacéis vosotros? ¿Os rebeláis contra el rey?" (Neh. 2:19). Así que cuando Nehemías siguió adelante, Sanbalat se sintió ultrajado. Ellos se juntaron con otros amonitas y árabes en una conspiración para pelear contra los trabajadores. Ellos los amenazaron: "No sepan, ni vean, hasta que entremos en medio de ellos y los matemos, y hagamos cesar la obra" (Neh. 4:11).

José y María

José y María estaban recién casados cuando ellos viajaron a Belén para un censo ordenado por el gobierno romano. María dio a luz a Jesús y la familia vivió allí temporalmente, hasta que ellos pudieran regresar a Nazaret. Al mismo tiempo, los magos habían pasado en la corte del rey Herodes, para encontrar al rey representado por la estrella que habían seguido. Cuando Herodes se dio cuenta de un rey rival que había nacido en Belén, ordenó la matanza de todos los niños de dos años para abajo. La vida de Jesús fue escatimada cuando un ángel instruyó a José a tomar a su familia y huir a Egipto hasta que Herodes muriera (Mt. 2:12-14).

Jesús

Jesús difícilmente escapó de ser apedreado por una multitud furiosa (Jn. 8:59) y fue casi lanzado por un acantilado por los de su ciudad natal (Lc. 4:39). Después en su vida, él fue continuamente confrontado por los líderes judíos, quienes eventualmente lo arrestaron y asesinaron.

Pablo

Cuando Pablo recibió a Cristo en las afueras de Damasco, sus viejos amigos se convirtieron en sus fieros opositores y buscaron matarlo. Sus nuevos amigos lo ayudaron a escapar bajándolo por una pared en un canasto (Hch. 9:25).

Pablo también enfrentó oposición en muchas ciudades durante sus viajes misioneros. Los judaizantes quienes sostenían que los gentiles primero debían hacerse judíos antes de ser cristianos, fueron sus frecuentes enemigos en muchos pueblos (Hch. 20:3). En Jerusalén, unos judíos de Asia levantaron una turba que concluyó con el arresto de Pablo. Dos días después, un grupo de cuarenta personas incitó una conspiración, comprometiéndose a sí mismos, por medio de un voto, a no comer ni beber hasta haber asesinado a Pablo (Hch. 23:12).

Aunque la gente se opondrá a La Empresa Heroica por motivos egoístas, temores, malos entendidos o por un compromiso a su propia causa, la fuente verdadera de La Oposición Fuerte es el maligno y las fuerzas espirituales del mal de las regiones celestes.

No tenemos lucha contra sangre ni carne (Ef. 6:12).

◇

Preguntas para discusión

1. Describa un tiempo cuando usted enfrentó oposición en el ministerio.
2. En los ejemplos bíblicos, ¿qué motivó la oposición al trabajo de Dios?
3. En los ejemplos bíblicos, ¿cómo reaccionó el pueblo de Dios a la oposición?
4. ¿Por qué podrían oponerse las personas al buen ministerio que usted ha buscado llevar a cabo?
5. Si usted enfrenta la Oposición Fuerte, ¿cómo la podría manejar?

Contratiempos Redentores

8

*Y el SEÑOR hizo que el pueblo se ganara el favor de los
egipcios, que les concedieron lo que pedían.
Así despojaron a los egipcios.* ~ Éxodo 12:36 *(BLA)*

Octubre 1804 - Abril 1805

A finales de Octubre de 1804, el equipo llegó a sus largamente
esperados cuarteles de invierno en el pueblo nativo de Mandan.
Aproximadamente cinco mil Mandan salieron a su encuentro. El
baile y la socialización se prolongaron durante varios días.

A fin de prevenir problemas relacionados de holgazanería, los
hombres estaban ocupados construyendo un fuerte, reparando
equipos y comerciando. Ellos encontraron que los Mandan
tenían gran interés en la producción de hachas de combate
para las tripulaciones y a penas si podían atender las demandas.
Descubrieron que los Mandan eran comerciantes expertos en
conducir negocios difíciles.

A pesar del largo invierno y de permanecer resguardados, los
problemas de moral y disciplina fueron pocos. La excepción se
dio cuando uno de los hombres fue capturado trepando por la
pared después del toque de queda. Aunque no fue una ofensa
grave, los Mandan empezaron a imitar este mal proceder, el
cual creó un problema de seguridad. El soldado fue juzgado y
castigado, aunque no tan severamente como los dos que
habían sido expulsados de la compañía.

Los capitanes continuaron esforzándose para negociar la paz entre los Mandan y otras tribus nativas. Pero la paz y la guerra había tenido diferentes significados para los nativos que para los colonizadores. La guerra entre tribus rivales fue la mejor manera para mostrar habilidad en el liderazgo y ganar el favor político con los líderes prevalecientes. Las hostilidades entre las tribus podía romperse en algún momento, lo cual ocasionaría la venganza de las incursiones. Para los hombres jóvenes la guerra tuvo el sentido primero de adelanto político. Cuando Lewis habló acerca de la importancia de la paz, uno de los guerreros preguntó: "¿Entonces, qué podíamos hacer nosotros por los jefes?" La guerra era un estilo de vida para muchas de las tribus que la expedición encontró.

Los nativos se ofendieron por los regalos ofrecidos a ellos, tanto así que subió el tono de sus proezas guerreras, faltando al respeto. Aún así, los Mandan fueron pacientes con el grupo. Sin la comida y hospitalidad de los Mandan, el Cuerpo de Exploradores no habrían sobrevivido el invierno. Los hombres, asimismo, obtuvieron importante conocimiento médico de parte de los nativos, incluyendo una medicina para la mordedura de serpientes, la cual fue incorporada más tarde en el conocimiento médico mundial.

Los capitanes encontraron a un comerciante francés llamado Charbonneau y lo contrataron como intérprete. Él estaba casado con una mujer Shoshon llamada Sacagawea, quien había sido raptada por una tribu rival y vendida como esclava a los Mandan. Los Shoshon eran nativos de las montañas que enlazaban los ríos Missouri y Columbia, así que sería importante forjar una relación amistosa con ellos.

Los hombres se quedaron impresionados de la falta de valor y carácter de Charbonneau, pero tuvieron a Sacagawea en alta estima. A pesar de que ella estaba lista para dar a luz muy pronto, se creyó que podía manejar a un bebé y unirse al equipo cuando estuvieran listos para zarpar en la primavera.

Lewis y Clark creyeron que Sacagawea ayudaría en las negociaciones que tendrían que hacer por caballos necesarios para hacer el porteo de las montañas occidentales. Ellos dijeron que los Shoshon tenían muchos caballos. Habiendo experimentado las dificultades de comunicarse únicamente con lenguaje de señales, los capitanes esperaban que ella pudiera ser una intérprete útil. En febrero, Sacagawea dio a luz a un bebé llamándolo Jean Baptiste. Lewis fungió como partero y presentador del bebé. El Cuerpo de Exploración ahora estaba integrado por una mujer nativa americana y un bebé recién nacido.

Lewis pasó un tiempo considerable obteniendo información de las tribus aborígenes en la siguiente etapa del viaje, ya que era un territorio desconocido. Mucho de la estrategia del viaje se basó en especulaciones e historias escuchadas de varias tribus. Nadie había hecho hasta el momento un viaje sobre las montañas del Pacífico. Pero a partir de lo que Lewis pudo concluir, hubo un poco de más claridad de lo que les esperaba.

Aproximadamente 115 millas (185 kms.) desde el pueblo de los Mandan se hallaba un gran río. Tres millas (4½ kms.) después estaba el río Yellowstone, luego a otras 150 millas (241 kms.) se encontraba el "río que regaña a otros". A otras 120 millas (193 kms.) un gran ruido podía oírse muy bien, en la llanura

85

planearon dirigirse a las Grandes Cataratas de Montana.
Después de las grandes cataratas podía haber sesenta millas
para encontrar una cordillera de montañas. El Missouri se
dividía en tres afluentes sesenta y cinco millas dentro de las
montañas. Este era el lugar en donde Sacagawea había sido
raptada, cinco años atrás. Al norte de los Tres Afluentes era una
ruta navegable al pie de las altas montañas que dividían hacia
los Océanos Atlántico y Pacífico, dichas montañas podían ser
cruzados a pie en un día, lo intentaron, por un río del lado
oeste.

Éstas fueron noticias emocionantes. La visión de encontrar un
paso fácil por agua desde el Atlántico hacia el Pacífico estaba
cerca de lograrse. Lewis tenía la habilidad de enviar un reporte
favorable a Jefferson, que la ruta al Pacífico había sido
encontrada y trazada en un mapa. Esto pudo ser la primera
exploración sistemática del área del oeste del Mississippi, una
valiosa contribución al conocimiento del mundo. La moral
estaba alta, y el grupo estaba ansioso al final del invierno y así
ellos podían regresar por su camino.

Lewis intentó dejar dos canoas en las Grandes Cataratas. En esa
ocasión él planeó dejar su atesorado bote de hierro también,
uno que él había usado y diseñado hace mucho tiempo atrás en
Harpers Ferry. Tendría que ser recubierto con cuero para
resguardarlo, pero él tenía la esperanza de tener éxito.

El 7 de abril de 1805, parte del grupo fue enviado a St. Louis
con un reporte de regreso a Washington D. C. Más tarde, ese
día, el resto del Cuerpo del Exploradores partió de la aldea de
los Mandan hacia el oeste, partieron hacia terreno de amplio

territorio y de anchura desconocida. El bien o mal que ellos podían encarar podía no ser previsto. Ellos tenían muy pocos suministros. Con todo, ellos estaban muy emocionados ya que era el momento que habían estado esperando desde que se había unido a la expedición. Esto había consumido la mente de Lewis en su vida de adulto. Su partida fue uno de los momentos más felices de sus vidas.

❖

AUNQUE el equipo tenía que pasar el invierno con los Mandan y no podían hacer ningún progreso en su destino, intentaron sacar el mayor provecho de la situación. Lo que parecía en un principio ser un "período de calma en medio de la acción", resultó ser muy útil a su misión en general. Durante su inactividad de invierno, reunieron información vital sobre su viaje por venir y añadieron a valiosos miembros a la tripulación, entre los más notables a Sacagawea.

De la misma manera, Dios toma lo que parecen contratiempos y los usa para fortalecer la habilidad de los líderes a fin de completar el proyecto.

Sansón
Sus padres fueron impotentes para concebir un hijo hasta que un ángel predijo la milagrosa concepción de Sansón. Ellos apartaron a Sansón como un nazareo a fin de liberar a Israel de la opresión de los filisteos. Cuando Sansón creció, Dios lo bendijo y el "...Espíritu de Jehová comenzó a manifestarse en él" (Jue. 13:25).

Obediente a la instrucción de Dios, los padres de Sansón debieron asombrarse por el primer hecho en la historia de su hijo. Sansón dijo: "Yo he visto en Timnat una mujer de las hijas de los filisteos; os ruego que me la toméis por mujer" (Jue. 14:2). ¡En lugar de derrotar al pueblo filisteo, él fue a casarse entre ellos! Sus padres le respondieron: "¿No hay mujer entre las hijas de tus hermanos, ni en todo nuestro pueblo, para que vayas tú a tomar mujer de los filisteos incircuncisos?" (v. 3). Pero Sansón estaba convencido que era la mujer para él.

Lo que los padres no sabían era que Dios había planeado elegir esta situación como una manera para infiltrarse dentro de los filisteos (v. 4). Una contrariedad para los padres de Sansón era una oportunidad para Dios.

El acto final de la redención de Dios en la vida de Sansón llegó cuando él fue tomado prisionero y humillado por los filisteos. Despojado de la vista por sus enemigos, Sansón finalmente estuvo escuchando a Dios. Estaba ahora enfocado en su misión: procurar venganza contra los filisteos y liberar a Israel. Aunque él había vencido a muchos filisteos durante su vida, Sansón estaba dispuesto a dar lo que faltaba de su vida para finalizar su tarea.

Pero las circunstancias parecían algo así como un constante revés para Sansón. Encadenado a dos pilares del templo filisteo, sin vista, y sin su notable fortaleza, él era objeto de escarnio de los líderes sentados en el templo mofándose de él. Sansón oró por una última oportunidad por fortaleza. "Entonces el agarró con todas sus fuerzas y cayó la casa sobre los principales, y sobre todo el pueblo que estaba en ella. Y los que mató al morir fueron muchos más que los que había matado durante su vida" (Jue. 16:30). Dios redimió lo que parecía una adversidad sin esperanzas.

José

Fue el más favorecido entre los doce hijos de Israel. Él tuvo una visión sobre su futuro liderazgo, implicando que sus hermanos se inclinarían un día delante de él. Cuando descaradamente contó su visión a sus celosos hermanos, ellos lo mandaron a la esclavitud egipcia. Este fue un serio revés, al menos en la mente de José.

Pero Dios tenía planes para rescatar la situación. El trabajo de Dios para José fue salvar a los israelitas de la hambruna por venir. Para que así fuera, José tendría que moverse a Egipto y ubicarse en una posición de influencia. Dios también usó esta adversidad para madurar el carácter de José. Él necesitaba ser disciplinado para limar su arrogancia. Necesitó llegar a ser humilde a fin de que Dios lo usara. Al ser vendido a la esclavitud se llenan ambos propósitos: él fue físicamente transportado para su tarea en Egipto, y aprendió humildad en el proceso.

José eventualmente aprendió que Dios era el autor de su Contratiempo Redentor. Muchos años después, cuando José había llegado a la cúspide del poder como gobernador en Egipto, sus hermanos milagrosamente le visitaron. José era el único que les podría vender alimentos durante aquél tiempo de hambruna. Él reconoció a sus hermanos, pero sus hermanos no le reconocieron. Cuando José finalmente se dio a conocer, los hermanos se atemorizaron a causa de su pasada traición. Su temor aumentó a terror cuando ellos vieron la autoridad de José en ese momento, ejercida en Egipto.

José calmó sus temores, porque él comprendió la naturaleza del plan redentor de Dios. Él dijo a sus hermanos:

> "Yo soy José vuestro hermano, el que vendisteis para Egipto. Ahora, pues, no os entristezcáis, ni os pese de haberme vendido acá; porque para preservación de vida me envió Dios delante de vosotros. Pues ya ha habido dos años de hambre en medio de la tierra, y aún quedan cinco años en los cuales ni habrá arada ni siega. Y Dios me envió delante de vosotros, para preservaros posteridad sobre la tierra, y para daros vida por medio de gran liberación".
>
> ~ Génesis 45:4-7

Años más tarde, cuando su padre Jacob murió, los hermanos estaban otra vez temerosos de la venganza de José. Enviaron un mensaje a José para que los perdonara por sus pecados y malas acciones que ellos habían perpetrado malvadamente contra él (Gn. 50:17). Él les respondió en misericordia diciendo "Vosotros pensasteis mal contra mí, mas Dios lo encaminó a bien, para hacer lo que vemos hoy, para mantener en vida a mucho pueblo" (Gn. 50:20).

Cuando los líderes aceptan la tarea que Dios les da y mantienen enfocada la visión, aún los Contratiempos a manos de otros puede ser vistos como redentores. Las personas pueden responder con gracia y perdonar.

Moisés y el Éxodo

A Moisés le fue dado su proyecto en la zarza ardiente. Dios le reveló que Faraón no liberaría inmediatamente a Israel, diciendo:

> "Pero yo extenderé mi mano, y heriré a Egipto con todas mis maravillas que haré en él, y entonces os dejará ir. Y yo daré a este pueblo gracia en los ojos de los egipcios, para que cuando salgáis, no vayáis con las manos vacías; sino que pedirá cada mujer a su vecina y a su huésped alhajas de plata, alhajas de oro, y vestidos, los cuales pondréis sobre vuestros hijos y vuestras hijas; y despojaréis a Egipto".
>
> ~ Éx. 3:20-22

Dios tenía un plan para rescatar a su pueblo, pero además los envió con las riquezas de Egipto. Con el fin de hacer esto, sin embargo, las personas pueden necesitar experimentar lo que podría parecer un contratiempo o adversidad. Los israelitas tendrían que enfrentarse a más dificultades que parecerían que los hacen retroceder más bien que avanzar.

Dios reveló, "pero yo endureceré su corazón, de modo que no dejará ir al pueblo" (Éx. 4:21). Cuando Faraón escuchó por primera vez a Moisés y Aarón suplicar para ponerlos en libertad. Faraón ordenó a los esclavos realizar la misma cuota de ladrillos, esta vez, sin ningún abastecimiento de paja. Cuando Moisés y Aarón regresaron de su entrevista con Faraón, los israelitas estaban allí esperando. Enojados, ellos dijeron a Moisés, "Mire Jehová sobre vosotros, y juzgue; pues nos habéis hecho abominables delante de Faraón y de sus siervos, poniéndoles la espada en la mano para que nos maten" (Éx. 5:21).

Moisés dijo al Señor:

> "Señor, ¿por qué afliges a este pueblo? ¿Para qué me enviaste? Porque desde que yo vine a Faraón para hablarle en tu nombre, ha afligido a este pueblo; y tú no has librado a tu pueblo"..
>
> ~ Éxodo 5:22-23

Moisés todavía no había comprendido que Dios estaba utilizando este inconveniente para llevar a cabo sus propósitos. Esto llevaría a las diez plagas antes que la voluntad de los egipcios fuera doblegada, al punto de regalar sus tesoros a los hebreos.

Finalmente, cuando la plaga de la muerte de los primogénitos vino sobre los egipcios, Faraón dejó en libertad a los israelitas, diciendo: "Salid de en medio de mi pueblo vosotros y los hijos de Israel, e id, servid a Jehová, como habéis dicho. Tomad también vuestras ovejas y vuestras vacas, como habéis dicho, e idos; y bendecidme también a mí" (Éx. 12:31-32). El pueblo de Egipto estuvo asimismo deseoso de verlos salir. "De lo contrario

—decían—, ¡podemos darnos por muertos! (Éx. 12:33 NVI).

Los israelitas hicieron según les instruyó Moisés y solicitaron a los egipcios objetos de plata y oro y ropa. "Y Jehová dio gracia al pueblo delante de los egipcios, y les dieron cuanto pedían; así despojaron a los egipcios" (Éx. 12:36).

Los israelitas vieron las plagas como una serie de adversidades, pero Dios sabía que todo esto era parte del plan para dar al pueblo "dio gracia al pueblo delante de los egipcios" (Ex. 12:36). De esta forma ellos fueron equipados con los tesoros y suministros que necesitarían más tarde en su formación como nación y cultura entrando a la tierra prometida.

Pablo

Pablo se encontraba viajando en su segundo viaje misionero cuando su equipo quiso entrar a la provincia de Asia y Bitinia, pero "pero el Espíritu no se lo permitió" (Hch. 16:7). Cuando Pablo recibió una visión de un hombre pidiéndole venir a Macedonia, concluyó que Dios lo estaba llamando para predicar en este lugar (Hch. 16:10). Viajando con Silas, Pablo fue a la ciudad más importante de aquél distrito de Macedonia llamada Filipos. Dado el dramático llamamiento que había sentido unos días antes, Pablo muy probablemente estuvo ansioso de ver lo que Dios había reservado para ellos en Macedonia.

Ya en Filipos, Pablo y Silas se encontraron con una joven esclava que hacía que sus amos ricos hicieran una fortuna con sus predicciones. La joven acosaba a Pablo y Silas de forma continua gritando: "Estos hombres son siervos del Dios Altísimo, quienes os anuncian el camino de salvación" (Hch. 16:17).

Después de muchos días, Pablo tuvo bastante con esto y ordenó al mal espíritu que la dejara. Ella sanó, pero a la vez perdió su habilidad de hacer dinero adivinando. Cuando los propietarios la vieron libre y que su máquina de hacer dinero se había perdido, ellos aprehendieron a Pablo y a Silas y los condujeron a la plaza delante de las autoridades. Cuando el populacho se agolpó alrededor, los oficiales azotaron a Pablo y a Silas, los metieron a la cárcel, colocando sus pies en cepos, dando instrucciones al carcelero, para que los custodiara fuertemente.

¿Qué pasó? Pablo había recibido una clara visión para ir a Macedonia y el primer lugar al que llegó, fue a una prisión. Pero Pablo y Silas no mostraron señales de desesperación. A media noche ellos estaban orando y cantando alabanzas a Dios, mientras los otros prisioneros escuchaban. Súbitamente, un terremoto hizo que las puertas se abrieran y sus cadenas se cayeron dejándolos libres. En medio de ese pánico, el carcelero estuvo a punto de matarse así mismo, por permitir que los prisioneros se escaparan, pero Pablo gritó: "No te hagas ningún mal, pues todos estamos aquí" (Hch. 16:28).

Como resultado de su testimonio y del terremoto, el carcelero y toda su familia recibieron a Cristo y fueron bautizados aquella misma noche. Dios permitió que experimentaran un aparente revés inesperado, que proporcionaría una familia total para Cristo.

Años más tarde, cuando Pablo fue arrestado en Jerusalén, él pudo haber visto esto, como un final para su ministerio. Pero Dios dijo a Pablo: "Cobra ánimo, pues como has testificado de mí en Jerusalén, así es necesario que testifiques también en Roma" (Hch. 23:11).

Las adversidades vienen de distintas formas. Sansón, José y Pablo estuvieron en prisión. Moisés y los israelitas fueron esclavos en el extranjero. No importa cuáles sean las circunstancias, Dios sigue actuando en Contratiempos Redentores, cumpliendo con sus propósitos en la Empresa Heroica.

✛

Preguntas para discusión

1. Comente una ocasión cuando haya enfrentado una adversidad y se haya sentido derrotado/a.
2. Lewis y Clark se vieron obligados a detener su avance sobre el Missouri por las condiciones del invierno. ¿Cómo usaron este tiempo para sacar provecho a su visión?

3. ¿Cómo usó Dios las adversidades graves en las vidas de José, Moisés y Pablo?

4. ¿Cómo fue Dios capaz de redimir la conducta imprudente de Sansón para Su gloria?

5. ¿Qué tipo de adversidad podría experimentar en su ministerio? ¿Cómo se debería reaccionar en caso que ocurrieran?

Sufrimiento Doloroso

"...en trabajo y fatiga, en muchos desvelos, en hambre y sed, en muchos ayunos, en frío y en desnudez".
~ 2 Corintios 11:27

Abril - Mayo 1805

El grupo estuvo sólo unos días fuera de la villa de los Mandan antes que los obstáculos imprevistos iniciaran. La ausencia de madera en el panorama se convirtió en un problema. Lewis dijo: "El país es una continua llanura fértil, hasta donde la vista puede alcanzar, en el que no hay ni siquiera un árbol solitario o un arbusto". Para el colono oriental, una llanura sin árboles sería algo malo para la agricultura. Solamente una zona boscosa era buena para el cultivo y la cosecha.

El panorama de una pradera sin árboles también fue algo inquietante. Ellos nunca habían visto algo así. La broma era que una ardilla podía saltar de árbol en árbol desde el Atlántico hasta el Mississippi sin tocar el suelo. Por ello, una pradera sin árboles era una visión nueva y temerosa.

Esto también creó un problema práctico. El grupo necesitaba madera para combustible en sus hogueras. También necesitarían árboles para proveerse un campo que sostuviera las pieles en el barco de hierro modular que Lewis tan cuidadosamente había construido en Harpers Ferry en 1803.

La comida estuvo algunas veces escasa. Sacagawea, cargando a su bebé recién nacido (apodado *"Pomp"* por los hombres de la cuadrilla), fue habilidosa en encontrar alcachofas silvestres y raíces que mantuvo con vida a los hombres.

Fuertes ventiscas retardaron el paso de ellos y aún los forzó a acampar un día entero. Ellos aprovecharon el tiempo para secar los enseres mojados, reparar el calzado y vestuario, y agregaron carne a su provisión. Los capitanes se pusieron al día en anotar en sus diarios e hicieron observaciones del cielo.

A pesar de sus desafíos, el grupo continuó en estar vigilante y sobrevivir. Ellos estaban ingresando a la parte más desconocida de su viaje, pero esto desconocido ocasionó poner en práctica todo su talento creativo. Sus diarios estuvieron llenos de información científica e informaciones acerca de sus alrededores. Su salud estaba en perfectas condiciones, su ambición ilimitada y su determinación completa.

Para el 25 de abril de 1805, descubrieron el río Yellowstone, justo donde los nativos les dijeron que podría estar. Se ordenó un trago de licor para celebrar el evento y se pasó la tarde en canciones y danzas, olvidándose de las fatigas pasadas. Acto seguido, contaron con una corriente clara sobre el río Missouri en la base de las Montañas Rocosas, caminando como un día de camino sobre las montañas.

Para el 9 de mayo, las Montañas Rocosas pudieron ser vistas a la distancia. A las 5:00 p.m. el soldado raso Bratton se le vio corriendo y haciendo señales frenéticas. Casi sin aliento, explicó que le tiró e hirió a un oso "grizzly" que estaba a una considerable distancia. Los hombres salieron detrás y le tiraron en varias ocasiones hasta darle muerte.

Tres días después otro oso fue encontrado. Cuatro hombres dispararon sus rifles a la vez teniendo dos armas de reserva (en ese entonces tomó cerca de dos minutos recargar y prepararse para disparar de nuevo). El oso se levantó con un rugido y lanzó el contraataque. Las dos armas de reserva fueron disparadas, frenando al oso sólo por un instante. Los hombres se dieron a la fuga, unos a los barcos, y otros a esconderse. Al oso le dispararon varias veces más, pero esto sólo sirvió para que el oso supiera donde encontrar a sus atacantes. Dos hombres abandonaron sus rifles y se zambulleron dentro del río. El oso saltó al agua y estaba a punto de llegar a ellos cuando otro disparo finalmente lo mató. Tras el examen, notaron que había tomado ocho balas para matar al oso. Los hombres aprendieron a tener un nuevo respeto por el oso "grizzly".

Poco después, Charbonneau estaba en el timón del barco cuando una tormenta repentina lo golpeó y casi lo vuelca. Charbonneau entró en pánico, y el barco se llenó a una pulgada de su hundimiento. Desde la orilla, Lewis vio con horror como su preciosa carga, revistas, mapas, instrumentos y suministros comenzaron a alejarse. Lewis tenía estas cosas en mayor consideración que su propia vida. Él escribió en su diario, "Si se hubieran perdido, yo hubiera valorado mi vida en poco". Cruzatte amenazó con dispararle a Charbonneau si no recuperaba la compostura y el control del barco.

Mientras tanto, Sacagawea se mantenía tranquila y serena. Ella respondió con resolución y fortaleza, recogiendo los artículos que se alejaban. Una vez más demostró su valor para la expedición, mientras que la falta de respeto hacia su marido creció. Con todo lo explicado, ellos pensaron en una verdadera ocasión para consolarse con un trago de "*grog*" (una especie de bebida alcohólica).

Las colinas y peñascos que ellos pasaron fueron numerosos. Tenían una altura de 200 a 300 pies (61-91 mts.) y cercanos a lo perpendicular, casi brillando en blancura del sol. El 26 de mayo, Lewis se subió a un risco y obtuvo la primera vista completa de las Montañas Rocosas, dando una fresca alegría a su corazón. De él mismo fue el placer de casi encontrar, la fuente del Río Missouri, pero igualmente el desaliento de las dificultades que conllevaba estar al frente. El obstáculo nevado podría dar sufrimiento y penalidades a la expedición. Debajo de la alegría y apuros tenía un profundo sentido de resolución y optimismo. Lewis dijo, "Como siempre he creído esto, que es un delito anticipar males, lo creeré un camino cómodo y bueno hasta que me obliguen a creer lo contrario".

Con las montañas a la vista, el deseo de estar sobre ellas se intensificó. Pero el progreso fue lento, debido a los numerosos recodos del río, ventarrones sobre las cabelleras, aguas poco profundas y rocas resaltadas. Los hombres tuvieron que empujar los botes a mano. El agua calaba de frío sus piernas, el sol quemaba sus espaldas. Sus pies resbalaban o pisaban fango o las rocas herían sus pies magullados. Caminar por la orilla era difícil porque las espinas de los cactos penetraban sus gruesos mocasines.

Las noches eran frías, lluviosas y miserables. A veces dormían en sus lechos húmedos. Los mosquitos fueron la peor plaga de todas. Molestaban entre los dientes, orejas y bocas. Hasta "Newfoundland", el perro de Lewis, que acompañaba a la expedición, lo hacían ladrar toda la noche, debido al constante enjambre de mosquitos. Lewis, además, contrajo disentería y no pudo proseguir por unos cuantos días, hasta que un fuerte laxante le dio alivio.

❖

EL GRUPO experimentó muchas clases de sufrimiento a lo largo de la travesía. En el campo militar, estas dificultades se llaman "privaciones". Napoleón Bonaparte, el famoso general francés, dijo:

> "La cualidad más importante de un soldado es la fortaleza en la fatiga y las privaciones. El valor queda en un segundo plano, las dificultades, pobreza y la necesidad son la mejor escuela para un soldado".[2]

La Empresa Heroica a veces envuelve un sufrimiento doloroso, tal como persecución, peligro, dolor, calor, frío, problemas financieros, falta de sueño, críticas, calumnias o prisión. En la Biblia, los líderes de Dios encontraron sufrimiento de muchas clases.

Sacrificio material

Abraham renunció a la protección y la seguridad de la casa de su padre en Ur y se dirigió a una tierra de la que no sabía nada. Su bienestar futuro era incierto.

Nehemías se sacrificó económicamente por el bien de una causa. Durante doce años como gobernador, ni Nehemías ni sus más estrechos colaboradores comieron de la comida asignada, pese a que los gobernadores anteriores impusieron a la gente pagar en gran medida por su comida y el vino. Él dijo:

> "También en la obra de este muro restauré mi parte, y no compramos heredad; y todos mis criados juntos estaban allí en la obra".
>
> ~ Nehemías 5:15-16

Persecusión

En Hebreos 11:35-38, los héroes de la fe enfrentaron diversas clases de penalidades, pero ellos estuvieron dispuestos a obedecer a Dios, hasta el punto de morir. Ellos fueron:

> atormentados, no aceptando el rescate, a fin de obtener mejor resurrección. Otros experimentaron vituperios y azotes, y a más de esto prisiones y cárceles. Fueron apedreados, aserrados, puestos a prueba, muertos a filo de espada; anduvieron de acá para allá cubiertos de pieles de ovejas y de cabras, pobres, angustiados, maltratados; de los cuales el mundo no era digno; errando por los desiertos, por los montes, por las cuevas y por las cavernas de la tierra.

El sufrimiento de los Apóstoles

Pablo describió cada tipo de sufrimiento doloroso experimentado por los Apóstoles en el cumplimiento de su misión. Él dijo:

> "antes bien, nos recomendamos en todo como ministros de Dios, en mucha paciencia, en tribulaciones, en necesidades, en angustias; en azotes, en cárceles, en tumultos, en trabajos, en desvelos, en ayunos".
> ~ 2 Corintios 6:4-5

Y él dio sus credenciales apostólicas:

> "¿Son ministros de Cristo? (Como si estuviera loco hablo). Yo más; en trabajos más abundante; en azotes sin número; en cárceles más; en peligros de muerte muchas veces. De los judíos cinco veces he recibido cuarenta azotes menos uno. Tres veces he sido azotado con varas; una vez apedreado; tres veces he padecido naufragio; una noche y un día he estado como náufrago en alta mar; en caminos muchas veces; en peligros de ríos, peligros de ladrones, peligros de los de mi nación, peligros de los gentiles, peligros en la ciudad, peligros en el desierto, peligros en el mar, peligros entre falsos hermanos; en trabajo y fatiga, en muchos desvelos, en hambre y sed, en muchos ayunos, en frío y en desnudez...".
> ~ 2 Corintios 11:23-27

El apóstol Pedro advirtió a los cristianos a permanecer alertas ante el doloroso sufrimiento. Él dijo:

> "Amados, no os sorprendáis del fuego de prueba que os ha sobrevenido, como si alguna cosa extraña os aconteciese, sino gozaos por cuanto sois participantes de los padecimientos de Cristo, para que también en la revelación de su gloria os gocéis con gran alegría".
>
> ~ 1 Pedro 4:12-13

El ejemplo de Jesús

Jesús mismo fue "despreciado y desechado entre los hombres, varón de dolores, experimentado en quebranto". Él "no estimó el ser igual a Dios como cosa a que aferrarse, sino que se despojó a sí mismo, tomando forma de siervo, hecho semejante a los hombres" (Flp. 2:6-7). A fin de completar su misión abandonó la comodidad de su hogar para hacerse un predicador itinerante. Él dijo: "Las zorras tienen guaridas, y las aves de los cielos nidos; mas el Hijo del Hombre no tiene dónde recostar la cabeza" (Lc. 9:58).

En la parte final de la misión de Cristo, Él sufrió una terrible andanada de golpes, seguido de su ejecución despiadada en la cruz. Ninguno ha sufrido dolorosamente como Jesús. Incluso bajo los sufrimientos, Él animó a sus discípulos, diciendo "En el mundo tendréis aflicción; pero confiad, yo he vencido al mundo" (Jn. 16:33).

El Sufrimiento Doloroso es productivo en La Empresa Heroica. Pablo dijo: "Es necesario pasar por muchas dificultades para entrar en el reino de Dios" (Hch. 14:22 NVI), y que "también nos gloriamos en las tribulaciones, sabiendo que la tribulación produce paciencia; y la paciencia, prueba; y la prueba, esperanza" (Rom. 5:3-4).

✥

Preguntas para discusión

1. Pedro dijo que "no os sorprendáis del fuego de prueba que os ha sobrevenido, como si alguna cosa extraña os aconteciese". Dé algunos ejemplos de ocasiones cuando usted se ha encontrado sorprendido por el sufrimiento.
2. Cuando usted mira los ejemplos bíblicos de sufrimiento que Dios le ha dado a sus siervos, ¿cómo se siente? ¿Se siente usted asustado/a, inspirado/a, enojado/a, confundido/a?
3. ¿Cómo ve Dios el sufrimiento de los líderes de su proyecto?
4. ¿Qué clase de sufrimiento doloroso puede usted esperar en su ministerio?
5. ¿Se siente preparado/a para soportar el sufrimiento que le espera a medida que avanza su visión?

Notas

[1] Burns, Ken. 1997. *Lewis and Clark: The Journey of the Corps of Discovery* (Lewis y Clark: El viaje del Cuerpo de Exploradores). Burbank, CA: PBS Home Video.

[2] Charlton, James, ed. 2002. *The Military Quotation Book* (El libro de Citas Militares). Nueva York: San Martin Press, pág. 12.

M a n d a t o   d e   C o n f i a n z a

Josué mandó a los oficiales del pueblo, "Pasad por en medio
del campamento y mandad al pueblo, diciendo: Preparaos
comida... Entonces respondieron a Josué, diciendo: Nosotros
haremos todas las cosas que nos has mandado". ~ Josué 1:10,16

Junio 1805

Al atardecer del 2 de junio 1805, el equipo permanecía tirado a
la orilla sur del río Missouri. A través de la corriente ellos podían
ver dos considerables ríos alimentando al río Missouri. Los   ·
nativos, cuya información hasta el momento había sido precisa,
no habían dicho nada acerca de esta confluencia de los dos
ríos. Las Grandes Cataratas iban a ser el siguiente hito. Estaba
demasiado oscuro para ser explorado, pero esto creó una crisis
que requirió una decisión difícil para los capitanes.

¿Cuál de aquellos ríos era el Missouri? ¿La bifurcación norte o
la bifurcación sur? Lewis se asombró de que tan importante
tema fuese omitido de la inteligencia de los nativos. Las órdenes
de Jefferson fueron explícitas: "el objeto de tu misión es
explorar el río Missouri". Así que tomar la decisión correcta era
fundamental para la expedición. Ellos estaban con la bifurcación
proverbial en el camino.

La bifurcación norte era más profunda. Corría en la misma
forma furiosa y con tumbos que había caracterizado
uniformemente el Missouri hasta ahora, con sus aguas de color

marrón blanquecino, muy característico del Missouri, el afluente sur estaba perfectamente transparente y corría con una superficie tranquila. Su corriente era más rápida que el afluente del norte.

El aire y el carácter del afluente del norte eran parecidos al Missouri, de modo que la expedición firmemente creía que era el Missouri (con dos excepciones). Las dos excepciones eran los capitanes Lewis y Clark. Cada bando estaba firme en sus convicciones.

Lewis razonó que el afluente del norte había recorrido una inmensa distancia a través de las llanuras para recoger bastante sedimento, para hacerlo turbio. Esto le llevó a concluir que el afluente del sur debió venir directamente de las montañas. El lecho del afluente sur estaba conformado por piedras lisas, como la mayoría de los ríos que salen de un lugar montañoso. En tanto que el lecho del afluente norte era barro. A pesar de su confianza, Lewis y Clark decidieron dividirse y explorar para ver si se podían encontrar más pruebas.

Al pasar Lewis a través de un risco, resbaló en un estrecho pasadizo, yendo directamente abajo en un precipicio peñascoso de 90 pies (27 mts.), salvándose por sí mismo por medio de su *"espontoon"* (un lucio corto o pica corta llevado por oficiales subordinados de infantería en aquel entonces). Apenas logró llegar a un lugar donde podía estar de pie y tener cierta seguridad.

Antes de recobrar aliento, escuchó los gritos del soldado raso Windsor que decía: "¿Capitán, que haré?" Lewis se dio la vuelta y vio al soldado abrumado por el temor, que yacía postrado sobre su vientre. Se sostenía lo mejor que pudo de su mano y pie izquierdos, en tanto que su mano y pie derecho colgaban sobre el mismo precipicio donde Lewis acababa de deslizarse. Lewis tenía miedo que Windsor pudiera perder fuerza y deslizarse. Lewis habló calmadamente, diciéndole a Windsor que tomara el cuchillo de su cinturón y cavara en el frente para recibir su pie derecho. Windsor hizo lo indicado y levantó sus rodillas. Luego le ordenó que se quitara los mocasines resbaladizos y gateara hacia adelante. Así lo hizo y salió ileso.

Después de sus breves exploraciones, ambos grupos se reunieron. Los hombres siguieron creyendo que el afluente del norte era el verdadero Missouri. Lewis, por su parte, estaba seguro que el afluente del sur era el correcto, por lo que llamó a su vertiente norteña "Marías" en honor de su primo. Los capitanes intentaron nuevamente convencer a los hombres que el afluente del sur era el correcto, pero sin éxito. Los hombres se mantuvieron firmes en su creencia, y a pesar de su certeza, con alegría dijeron que estaban dispuestos a continuar, siempre que Lewis y Clark lo creyeran conveniente.

Una vez más se separaron para buscar las Grandes Cataratas. Los capitanes buscaron hacer un intento más para estar seguros que el afluente del sur fuera el correcto, en honor a la contribución del grupo. Decidieron dejar un bote atrás asegurado en una isla. Esto aliviaría la carga y les daría un depósito de suministros en su viaje de regreso.

El 13 de junio, Lewis, quien se estaba moviendo en el afluente sur, llegó a una hermosa llanura de por lo menos cincuenta a sesenta millas de búfalos, muchísimos más de los que antes podía haber visto. Él oyó el sonido de una caída de agua y el aumento de un ruido ensordecedor por encima de la llanura, se veía como una columna de humo. Al medio día llegó a las Grandes Cataratas. Esto confirmó la decisión de los capitanes que el afluente sur era el Missouri.

Los nativos les dijeron que había cinco millas de rápidos arriba de las Grandes Cataratas, seguido de una segunda serie de caídas, la mitad del largo de las primeras. Las exploraciones de Lewis de las Cataratas indicaron que había cinco caídas separadas del Missouri, y no dos. El acarreo alrededor de las cataratas iba a ser más difícil de lo que imaginaron primero.

❖

LEWIS Y CLARK involucraron a la expedición entera en la crítica decisión de cual río era el correcto. Pero cuando vino el tiempo de hacer la decisión, los capitanes estaban listos para actuar en su mejor juicio, aunque cada uno de los miembros de la cuadrilla estaba disgustado con la decisión.

Los líderes efectivos del ministerio trabajan fuerte para escuchar al equipo y obtener el involucramiento de los miembros del equipo en el momento de las decisiones. Ellos saben que los miembros del equipo responden mejor cuando se les da la oportunidad de sugerir, aunque la decisión no va a su manera. Pero al final, los buenos líderes conocen como hacer la decisión correcta, aún si ésta es impopular.

Liderazgo es representación

Mi colega, el Dr. Don L. Davis tiene acuñado un paradigma de liderazgo lo que él llama "Liderazgo es representación". Él define liderazgo como "la habilidad para recibir autoridad de otro para estar en su lugar".[1] En otras palabras, cada líder está bajo la autoridad de alguien. Los buenos líderes están encargados para representar a quien los envió. Lewis y Clark estuvieron actuando en nombre de su comandante en jefe, Thomas Jefferson. Jesús estuvo siempre con su mirada en agradar al Padre (Jn. 5:19-20). Los líderes de un proyecto toman decisiones seguras, sabiendo que los jefes se han ganado la confianza de servir a los deseos de los líderes por encima de ellos.

Sumisión

Los Mandatos de confianza infunden familiaridad y seguridad en los miembros del equipo. Cuando fue el tiempo de moverse, el equipo respaldó las decisiones de sus capitanes. Cuando los líderes mantienen la visión en la mente y toman decisiones firmes a la luz de la visión, esto ayuda a los seguidores del equipo a hacer lo mismo. Cuando todos se mantienen enfocados en la visión, llega a ser más fácil someterse al liderazgo:

> "Obedeced a vuestros pastores, y sujetaos a ellos; porque ellos velan por vuestras almas, como quienes han de dar cuenta; para que lo hagan con

alegría, y no quejándose, porque esto no os es provechoso".

~ Hebreos 13:17

"Tal es el caso de Sara, que obedecía a Abraham y lo llamaba su señor. Ustedes son hijas de ella si hacen el bien y viven sin ningún temor" (1 Pe. 3:6 NVI).

Definiendo la realidad

La primera tarea de un líder es definir la realidad.[2] Los líderes cuidan su equipo dando una dirección clara, asegurándose de que todo el mundo sabe lo que está sucediendo y visualizar qué puede deparar el futuro.

En la Biblia los líderes demostraron su capacidad de cortar a través de un matiz confuso, comunicarse con su equipo y tomar decisiones seguras frente a la incertidumbre.

Consejo bien intencionado

Pablo escuchó cuidadosamente a sus amigos, pero no fue disuadido de tomar la acción que él pensó mejor. Lucas contó la historia, acerca de un profeta de Judea que tomó el cinto de Pablo y dijo, "Esto dice el Espíritu Santo: Así atarán los judíos en Jerusalén al varón de quien es este cinto, y le entregarán en manos de los gentiles" (Hch. 21:11). Los socios de Pablo le suplicaron para que cambiara su plan de ir a Jerusalén.

Pablo respondió "¿Qué hacéis llorando y quebrantándome el corazón? Porque yo estoy dispuesto no sólo a ser atado, más aun a morir en Jerusalén por el nombre del Señor Jesús" (v.13). Cuando estuvo claro que Pablo no cambiaría su determinación, ellos desistieron y dijeron "Hágase la voluntad del Señor" (v. 14). A pesar de sus buenas intenciones y el mensaje claro de parte del Espíritu Santo acerca de los resultados de su decisión, Pablo tuvo una sólida convicción de lo que haría.

Jesús fue otro líder que recibió consejo bien intencionado. Después que le avisaron de la enfermedad de su amigo Lázaro, Jesús dijo a sus discípulos: "Volvamos a Judea". Ellos respondieron: "Rabí, ahora procuraban los judíos apedrearte, ¿y otra vez vas allá?" (Jn. 11:8). Jesús tenía la intención de ir, y sin más discusión concluyó que iría a Judea. Tomás mostró su lealtad al liderazgo de Jesús, diciendo a los otros discípulos: "Vamos también nosotros, para que muramos con él" (Jn. 11:16). Jesús escuchó sus preocupaciones, pero tomó una decisión de fe, en tanto que sus discípulos demostraron su lealtad a su mandato de confianza.

Lealtad

Los líderes deben esperar lealtad de su equipo. Los discípulos deben esperar claridad y dirección de sus líderes. Josué, Gedeón, Nehemías y Jefté son buenos ejemplos de líderes dando dirección clara y sus discípulos respondieron mostrando su respeto por el liderazgo.

Josué mandó a los oficiales del pueblo, "diciendo: Preparaos comida... Entonces respondieron a

Josué, diciendo: Nosotros haremos todas las cosas que nos has mandado, e iremos adondequiera que nos mandes".

~ Josué 1:10, 16

Gedeón recibió instrucciones de parte de Dios y el pueblo respondió cuando los madianitas y otros pueblos del este unieron sus fuerzas y cruzaron el Jordán contra Israel.

Entonces el Espíritu de Jehová vino sobre Gedeón, y cuando éste tocó el cuerno, los abiezeritas se reunieron con él. Y envió mensajeros por todo Manasés, y ellos también se juntaron con él; asimismo envió mensajeros a Aser, a Zabulón y a Neftalí, los cuales salieron a encontrarles.

~ Jueces 6:34-35

Nehemías expuso su intento de realizar el trabajo, y el pueblo respondió diciendo: "Levantémonos y edifiquemos" (Neh. 2:18). Ellos estuvieron dispuestos para comenzar en ese instante bajo su liderazgo.

Jefté, cuando preguntó para dirigir a Israel, verificó la buena voluntad del pueblo para servir bajo su liderazgo, antes de aceptar el mandato. Él había sido exiliado años atrás y ahora dudaba de la buena voluntad del pueblo para seguirlo. Él dijo: Si me hacéis volver para que pelee contra los hijos de Amón, y Jehová los entregare delante de mí, ¿seré yo vuestro caudillo? Sus reclutados le respondieron diciendo: "Jehová sea testigo entre nosotros, si no hiciéremos como tú dices" (Jue. 11:9-10). Para que el

Mandato de Confianza sea seguro, éste debe ser leal de parte de los seguidores.

Ánimo

Algunas veces, cuando se delega la autoridad, las personas necesitan ánimo extra. Débora fue líder sobre Israel, cuando ella fue llamada por Barac, dijo:

> "Ve, junta a tu gente en el monte de Tabor, y toma contigo diez mil hombres de la tribu de Neftalí y de la tribu de Zabulón; y yo atraeré hacia ti al arroyo de Cisón a Sísara, capitán del ejército de Jabín, con sus carros y su ejército, y lo entregaré en tus manos?".
>
> ~ Jueces 4:6-7

Sin embargo, Barac no sólo se negó, sino que decidió ir a la misión de reclutamiento, sólo si Deborah se comprometía acompañarlo. De esta manera Débora fue con él y los diez mil hombres tras Barac a la batalla donde derrotaron completamente a Sísara.

Solución de conflictos

Nehemías fue un líder efectivo que pudo resolver conflictos con confianza. Las personas se quejaron de que estaban pasando hambre, porque sus hermanos judíos estaban cobrando tasas exorbitantes de interés por las hipotecas de sus tierras. Las familias no eran capaces de mantenerse al día con los pagos y se estaban muriendo de hambre. Algunos habían terminado vendiendo a sus hijas a la

115

esclavitud. Los pobres eran incapaces de actuar ya que los campos y los viñedos pertenecían a los titulares de las hipotecas.

Cuando Nehemías escuchó las acusaciones, se indignó y puso manos a la obra. Le dijo a los prestamistas:

> ¿Exigís interés cada uno a vuestros hermanos? ...Y dije: No es bueno lo que hacéis. ¿No andaréis en el temor de nuestro Dios, para no ser oprobio de las naciones enemigas nuestras? También yo y mis hermanos y mis criados les hemos prestado dinero y grano; quitémosles ahora este gravamen. Os ruego que les devolváis hoy sus tierras, sus viñas, sus olivares y sus casas, y la centésima parte del dinero, del grano, del vino y del aceite, que demandáis de ellos como interés.
>
> ~ Nehemías 5:7, 9-11

Los líderes respondieron: "Lo devolveremos, y nada les demandaremos; haremos así como tú dices. Entonces convoqué a los sacerdotes, y les hice jurar que harían conforme a esto" (v. 12).

Todavía no completamente satisfecho, Nehemías trajo a los sacerdotes frente al grupo y les hicieron prestar un juramento, amenazando con el juicio de Dios sobre aquellos que no cumplieran su promesa, "Y respondió toda la congregación: ¡Amén! y alabaron a Jehová. Y el pueblo hizo conforme a esto" (v. 13). Nehemías tuvo la habilidad de traer solución pacífica al conflicto por medio de su Mandato de Confianza.

Claridad de mandato

Jesús se movió con seguridad a través del proceso de completar su misión. En algunas ocasiones aclaró acerca de su venida: "que le era necesario al Hijo del Hombre padecer mucho, y ser desechado por los ancianos, por los principales sacerdotes y por los escribas, y ser muerto, y resucitar después de tres días" (Mc. 8:31). Otra vez, Pedro tomó a Jesús aparte para persuadirlo. Pero Jesús se volvió y mirando a los otros discípulos reprendió a Pedro, diciendo: "¡Quítate de delante de mí, Satanás! porque no pones la mira en las cosas de Dios, sino en las de los hombres". (Mc. 8:33). Jesús confiaba en sus instrucciones.

Al final, el líder de un proyecto tiene que tomar decisiones claras que sean consistentes con la visión. En la Empresa Heroica debe haber un Mandato de Confianza.

✧

Preguntas para discusión

1. Si el trabajo en equipo es tan importante (vea el capítulo 5), ¿por qué es importante o para qué sirve el liderazgo?
2. Usando los ejemplos de los líderes de proyectos en la Biblia, ¿cuáles son tres características claves del liderazgo cristiano, bíblico? ¿Qué es lo que hacen los buenos líderes?

3. ¿Cómo pueden los líderes de proyectos de Dios escuchar el consejo y tomar decisiones con confianza?
4. ¿Cómo pueden los líderes de proyectos de Dios utiliar su visión y llamado como la fuente central de su toma de decisiones?
5. ¿Cuáles son las claves que pueden ayudarle a tomar decisiones sabias en su ministerio?

Notas

[1] Davis, Don. 2003. *World Impact Focus and Identity* (Enfoque e Identidad de World Impact) Lake Hughes, CA: World Impact Press.

[2] DePree, Max. 1989. *Leadership Is An Art* (Liderazgo es un arte). New York, NY: Dell Publishing, pág. 11.

A j u s t e s   C r e a t i v o s

11

*"... Aún es mucho el pueblo; llévalos a las aguas,
y allí te los probaré". ~ Jueces 7:4*

Junio 1805

El 14 de Junio de 1805, Lewis estaba caminando por la orilla
haciendo observaciones, festejando la belleza del paisaje. Mató
un búfalo para la cena y mientras disfrutaba del paisaje, olvidó
cargar su rifle nuevamente. Repentinamente un oso "grizzli"
cayó sobre él dejándolo sin tiempo para recargar su arma. El
oso estaba a veinte pasos de distancia y avanzaba. No había
árbol a la vista y el río estaba a sólo tres pies de profundidad
(0.91 mts). Cuando el oso abrió su boca, Lewis corrió hacia el
río, cortando terreno a su paso. Llegado al río, Lewis sacó su
"*espontoon*" y se lo mostró. Repentinamente, el oso dio la
vuelta y se retiró. Lewis determinó que nunca más dejaría su
arma sin cargar.

Apenas Lewis había salido del río cuando vio a tres toros
búfalos correr a toda velocidad hacia él. Sin estar seguro de qué
hacer, Lewis decidió enfrentarlos cara a cara. Cuando
estuvieron a menos de cien yardas (91 mts.) de Lewis, los toros
se detuvieron y se volvieron. Este fue un día lleno de
acontecimientos.

El día 16 de Junio, Sacagawea se enfermó de fiebre, respiración
irregular y alarmante temblor de los dedos y los brazos. Ella era

la clave para una negociación amistosa con los nativos Shoshone, así como la mejor esperanza de la expedición para un paso afortunado sobre las montañas hacia el río Columbia. Sacagawea fue así mismo una respetada y querida integrante del equipo, habiendo comprobado su fortaleza en muchas ocasiones. Ella y su bebé *"Pomp"*, fueron muy queridos por todos los hombres.

El tratamiento médico de Lewis se destacó, probablemente más allá de lo que algunos médicos de sus días podrían hacer, y eso que, no contaba con los recursos apropiados. En un par de días, ella estuvo mejor, pero luego comió algunos pescados crudos y frutas, en contra de las recomendaciones de su doctor y la fiebre retornó. Lewis reprendió a Charbonneau severamente por no observar a la paciente. Él la trató otra vez y en dos días mejoró.

No obstante, se vislumbraban todavía adelante las montañas desconocidas, las cuales entre más se acercaban se ponían más enormes y profundas como jamás se había visto en el este. Se habían dado cuenta que las suposiciones de Jefferson acerca de su altura estaban equivocadas, pero ellos estaban impacientes por saltar sobre las montañas antes de que iniciara el invierno.

Debieron tratar primero con la realidad de por lo menos dieciséis millas de acarreo alrededor de las Grandes Cataratas sobre terreno escabroso. Los nativos habían prometido un paisaje suave, pero una partida de exploradores indicó que el acarreo podría ser difícil debido a los barrancos profundos. Decidieron guardar una barcada de artículos para el viaje de regreso. El grupo se dividió, así Clark podía supervisar el acarreo al cual Lewis investigó un punto de terminación y preparó la hechura del bote de hierro.

El 22 de junio, el acarreo de Clark alrededor de las Grandes Cataratas empezó. Hubo muchas fallas y los cactus resultaron problemáticos. Los hombres tuvieron que tirar con todas sus fuerzas, y las ruedas terminaron obstruidas por la hierba y las piedras. La expedición fue asaltada por granizos del tamaño de manzanas, mosquitos feroces, candente sol, lluvia fría. Los vientos fueron intensos. Los osos amenazaron el campamento en las noches. Se sintieron debilitados y sus pies adoloridos, pero siguieron con alegría.

A pesar que estaban entrando en la parte más peligrosa del viaje, no hubo ninguna queja, sólo resolución y determinación. El equipo sabía que estaban haciendo historia y que ésta podría ser la experiencia más excitante e importante de sus vidas. Estaban unidos por una experiencia poco común y un agudo sentido de la dependencia de uno con el otro. Por ahora conocían las fortalezas y debilidades de unos y otros; quién encendería el mejor fuego, quién tendría mejor puntería, qué alimentos les gustaban, de dónde provenían cada uno de ellos, y cuáles eran sus esperanzas y sueños para el futuro. El equipo estaba completamente comprometido con la visión. Ellos tendrían éxito o morir en el intento.

Meses antes, cuando había aceptado la comandancia con Lewis, Clark pareció un profeta cuando dijo: "Alegremente me uniré a ti y participaré de los peligros, las dificultades y las fatigas y anticipo los honores y recompensas de los resultados de esta empresa". Juntos estaban viviendo el triunfo y la angustia de una tarea monumental llevada a cabo por una comunidad muy unida. Como muchos soldados que juntos experimentan dificultades, ellos desarrollaron lazos estrechos de amistad.

El 30 de junio, Lewis se estaba impacientando por investigar las Montañas Rocosas, estaban desistiendo de su idea original, de encontrar el Océano Pacífico y regresar para el invierno con los Mandan. Concluyeron que no sería posible estar para el invierno con los Shoshon.

El plan original de los capitanes era enviar a tres hombres de regreso a St. Louis para reportar acerca de las Grandes Cataratas. Pero la expedición estaba quedando tan lejos del itinerario fijado, y no contaban con una amistosa recepción de parte de los Shoshon. Necesitaban que el equipo complementario fuera hacia adelante, y una partida de sólo tres hombres estaría muy pequeña para sobrevivir a un ataque de los Sioux. Sería sabio mantener intacto al grupo. Sus condiciones requirieron ajustes significativos a sus planes.

✧

LEWIS Y CLARK respondieron con Ajustes Creativos a las sorpresas que les llegaron a su camino. Así lo hicieron frente a un oso "grizzli", un búfalo, una enfermedad amenazadora, una dificultad inesperada de rodeo o iniciar un itinerario diferente del plan. Los líderes del Cuerpo de Exploración encontraron una manera para ajustarse a las circunstancias y moverse hacia adelante, hacia el objetivo.

De la misma manera, los proyectos ministeriales están sujetos a todo tipo de sorpresas. Nadie está exento de circunstancias imprevistas. Como resultado, se puede decir que la más importante cualidad del proyecto de liderazgo es la capacidad para ajustarse a las condiciones cambiantes. La Biblia provee muchos ejemplos en este sentido.

Oposición

Jesús dio a los setenta y dos discípulos instrucciones específicas sobre cómo adaptarse a la oposición a lo largo de su viaje. Él les explicó qué hacer cuando un pueblo les diera la bienvenida pero también Él también sabía que habría ocasiones cuando serían rechazados. Él dijo: "Mas en cualquier ciudad donde entréis, y no os reciban, saliendo por sus calles, decid: Aun el polvo de vuestra ciudad, que se ha pegado a nuestros pies, lo sacudimos contra vosotros. Pero esto sabed, que el reino de Dios se ha acercado a vosotros" (Lc. 10:10-11). Su estrategia fue moverse al siguiente pueblo más que insistir en el mismo pueblo ante una clara oposición.

Nehemías tuvo que modificar su estrategia cuando Sambalat, Tobías, y sus aliados conspiraron contra él y sus trabajadores. Hasta este momento, Nehemías tenía a todos sus trabajadores enfocados en la construcción. Ante una situación cambiante hubo que dividir las tareas y nombró a algunos trabajadores de guardia durante la labor. Él dijo: "oramos a nuestro Dios, y por causa de ellos pusimos guardia contra ellos de día y de noche" (Neh. 4:9).

A medida que la oposición iba en aumento, la gente advirtió a Nehemías "Las fuerzas de los acarreadores se han debilitado, y el escombro es mucho, y no podemos edificar el muro...de todos los lugares de donde volviereis, ellos caerán sobre vosotros..." (Neh. 4:10, 12). Así Nehemías tuvo que hacer ajustes de nuevo para posicionar a las personas en zonas bajas y estratégicas del muro. La mitad del pueblo estuvo asignado a la construcción mientras que la otra mitad estuvo equipada con armas. Hasta aquellos asignados a acarrear materiales "hacían su trabajo con una mano y portaban un arma en la otra" (Neh. 4:10-17). Nehemías fue un maestro de los Ajustes Creativos.

Dios hace los cálculos

Dios seriamente ajustó la estrategia de Gedeón. Finalmente se convenció después que Dios estaba con él, Gedeón armó un ejército de trecientos hombres para liquidar a los madianitas. Pero Dios dijo a Gedeón: "El pueblo que está contigo es mucho para que yo entregue a los madianitas en su mano" (Jue. 7:2). Dios conocía que Israel podía hacer alarde acerca de su propia estrategia entre tanto que daba gloria a Dios, así Él instruyó a Gedeón para enviar a casa a todo el que tuviera temor para ir a la batalla. Se fue un contingente de diez mil.

Pero Dios dijo que el número todavía estaba grande, y Él instruyó a Gedeón para separar a los hombres en dos grupos: Los que lamieran el agua como perros contra aquellos que de rodillas bebieran agua. Este ejército quedó reducido a trescientos hombres a los que Dios dijo, podían "Con estos trescientos hombres que lamieron el agua os salvaré, y entregaré a los madianitas en tus manos (Jue. 7:7). A veces, los líderes tienen que salir en fe, con poquísimos recursos que ellos piensan que necesitan. Dios otorga la victoria sin considerar el tamaño del equipo.

Propuestas imaginativas

Sansón tuvo respuestas creativas para los enemigos filisteos. Cuando su suegro tomó la esposa de Sansón, dándola a uno de sus padrinos de boda. Sansón tomó una antorcha y la ató a la cola de trecientas zorras en parejas, y las envió a destruir los granos de los filisteos, sus olivares y viñedos (Jue. 15:4-5).

Dalila y sus cómplices conspiradores intentaron repetidamente descubrir con sus engaños, el secreto de la fuerza de Sansón. Antes de ceder finalmente ante Dalila, Sansón dio una serie de respuestas sagaces que engañaron a los filisteos y los llevaron a la muerte. Primero, le dijo a Dalila que perdería su fuerza si era atado con siete cuerdas de arco verdes que no se habían secado. Luego declaro que se debilitaría si lo ataban con cuerdas nuevas que nunca habían sido usadas. Seguidamente le dijo a Dalila que si tejía siete guedejas en su cabeza con la tela y la aseguraba con una estaca se terminaría su fuerza. Cada vez, los filisteos cayeron en el engaño (Jue. 16:7-14).

Escuchando al Padre

Jesús siempre estuvo listo a los cambios de planes abruptos, siguiendo cuidadosamente la dirección de su Padre. Él dijo:

"No puede el Hijo hacer nada por sí mismo, sino lo que ve hacer al Padre; porque todo lo que el Padre hace, también lo hace el Hijo igualmente. Porque el Padre ama al Hijo, y le muestra todas las cosas que él hace".

~ Juan 5:19-20

Jesús fue a Galilea, estando lejos de Judea porque él conocía que los judíos estaban esperando una oportunidad para matarlo. Cuando llegó la Fiesta de los Tabernáculos, los hermanos de Jesús le apremiaron para ir a Judea para hacerse él mismo más famoso, pero Jesús les dijo que el tiempo exacto todavía no había llegado. Él les dijo que se fueran sin él a la fiesta, lo cual ellos hicieron.

Tiempo después que sus hermanos fueron, Jesús secretamente fue a la fiesta también. Esperó hasta la mitad de la fiesta, luego fue al atrio del templo para enseñar públicamente (Jn. 7:1-14).

El pasaje no dice cuándo Jesús decidió ir a Judea, pero es razonable asumir que el Padre guió a Jesús para cambiar de parecer sobre cuándo ir a la fiesta después que sus hermanos fueron. Jesús estuvo dispuesto a cambiar los planes ante un aviso.

Cambiando estrategia

Jesús estuvo siempre presto para responder a varias preguntas capciosas de parte de los dirigentes religiosos. Sus enemigos estuvieron en una continua cacería para meterlo en problemas, pero él siempre dio una respuesta adecuada para cada situación. Una vez, al jefe de los sacerdotes y ancianos le preguntó:

"... ¿Con qué autoridad haces estas cosas? ¿y quién te dio esta autoridad? Respondiendo Jesús, les dijo: Yo también os haré una pregunta, y si me la contestáis, también yo os diré con qué autoridad hago estas cosas. El bautismo de Juan, ¿de dónde era? ¿Del cielo, o de los hombres? Ellos entonces discutían entre sí, diciendo: Si decimos, del cielo, nos dirá: ¿Por qué, pues, no le creísteis?.

~ Mateo 21:23-25.

Con la pregunta, Jesús pone a sus enemigos a la defensiva. Si ellos dicen "del cielo" entonces Jesús los pone en aprietos porque preguntaría: "¿por qué no seguisteis su enseñanza?" Si ellos dicen "de los hombres", temerían caer en descrédito ante la multitud, quien tenía a Juan en alta estima. Así que los líderes religiosos tomaron el camino más cobarde y dijeron: "no sabemos" (Mt. 21:27). A pesar de que Jesús era capaz de dar una respuesta directa, como lo había hecho en otras ocasiones, esta pregunta reveló la verdadera naturaleza de sus motivos. Jesús nos provee un buen ejemplo del empleo de nuevas estrategias.

El diablo y sus demonios están constantemente intentando frustrar la obra de Dios. Como resultado, los líderes deben estar dispuestos para dejar a un lado sus planes y trazar un nuevo rumbo cuando se enfrentan a un nuevo conjunto de condiciones. La participación en la guerra espiritual contra el enemigo requiere escuchar al Espíritu Santo. Esto es vital para que "andemos también por el Espíritu" (Gál. 5:25) y como líderes hagamos los Ajustes Creativos en esta Empresa Heroica.

◆

Preguntas para discusión

1. ¿Cuáles fueron algunas de las sorpresas que Lewis y Clark enfrentaron en su expedición?
2. Describa su reacción a esta declaración: "la más importante calidad del liderazgo de proyectos es la capacidad para ajustarse a las condiciones cambiantes".
3. Cuando los líderes de proyectos en la Biblia necesitaron adaptarse creativamente a sus circunstancias, ¿cómo reaccionaron?
4. ¿En qué maneras fue especialmente Jesús bueno en adaptarse a sus enfoques?
5. ¿En qué otras maneras específicas puede mejorar en su Ajuste Creativo?

Visión Muerta

Toma ahora tu hijo, tu único, Isaac, a quien amas, y vete a
tierra de Moriah, y ofrécelo allí en holocausto.
~ *Génesis 22:2*

Julio - Agosto 1805

A medida que Lewis esperó por Clark para completar el triste acarreo alrededor de las Grandes Cataratas, comenzó la construcción de su proyecto favorito, el barco de hierro. La expedición contaba con el barco para transportar los objetos voluminosos río abajo en el Columbia, así que había mucho en juego. Pero la construcción estaba demostrando ser difícil. La pradera seguía estando sin árboles, así que no había elemento para mantener la piel unida. De modo que se vieron forzados a experimentar con otros materiales.

Después de muchos días de esfuerzo con cera de abejas y sebo de búfalo la embarcación estaba completa y puesta en el río. Un viento sopló y zarandeó el bote. Las pieles fueron arrancadas y el bote se destruyó. Lewis tuvo que renunciar a su sueño (muchos lo habían llamado una obsesión) de la embarcación modular. Sin el barco, había que encontrar un sustituto, ya que otra embarcación esperaba río abajo.

Para el 12 de julio de 1805, todo estuvo listo para la partida. Si la información era correcta, ellos se estarían reuniendo con los Shoshon y llevarían sus productos camino de un día por las montañas, luego conducirlas al Río Columbia por el otro lado. Independientemente de lo que estaba delante, ellos creyeron que nada sería posiblemente peor de lo que ya habían experimentado. Nada fue más arduo que el acarreo alrededor de las Grandes Cataratas. También nada fue más duro que abandonar el bote de hierro. Lo peor tuvo que estar detrás de ellos.

Ellos estaban ansiosos por encontrar a los Shoshon y no podían imaginar por qué todavía no los encontraban. El 18 de julio, decidieron enviar a Clark para ver a los Shoshon. Los hombres del Cuerpo de Exploración estaban desesperados.

El siguiente día Lewis avistó una columna de humo, la cual parecía señales de retirada a otro grupo de Shoshon. Ellos dedujeron que los Shoshon estaban cautos por su presencia, y que no estaban con deseos de encontrarse con la expedición. Su desánimo aumentó.

El 22 de julio, los hombres estaban trabajando metiendo canoas. Sus pies a veces resbalaban y se cortaban en las piedras. El lecho del río se estaba haciendo notablemente cada vez más estrecho y las montañas cada vez más altas, cuando ellos tuvieron un necesitado empuje en su moral. Repentinamente, Sacagawea reconoció aquella sección del río. Ella había estado allí siendo una niña. Fue el río cerca del cual los Shoshon vivieron durante el verano. La próxima señal reportada "Los Tres Afluentes" estaba cerca, la cual celebraron grandemente los hombres.

La marcha fue difícil, cada progreso del día, medido en yardas en vez de millas. Los mosquitos estaban implacables. El río había cambiado al sudeste, así que ellos estaban yendo en la dirección equivocada. Los hombres se estaban debilitando bajo el continuo estado de esfuerzo. Clark regresó de buscar a los Shoshon, con sus pies sangrando, descarnado por las piedras. Luego de un día de descanso, él fue de nuevo en la búsqueda de los escurridizos Shoshon.

El 27 de julio, el equipo estaba en un punto próximo a desfallecer cuando, a las 9 am llegaron a la impresionante vista de "Los Tres Afluentes". A las 3 de la tarde, Clark regresó al campamento enfermo y agotado, con fiebre y dolor en sus músculos.

Los capitanes estaban ansiosos por la falta de contacto con los Shoshon. Si no los encontraban y negociaban el comercio de caballos, el viaje estaría en riesgo. Pronto estarían en las montañas con escasos suministros alimenticios y sin información correcta sobre la geografía en la que estaban. Podrían terminar extraviados en las montañas y morir. Sin los caballos de los Shoshon, volver sería la mejor opción. Pero los capitanes se mostraban optimistas, creyendo que si los nativos podían sobrevivir en las montañas, sus hombres también lo podían hacer.

Sacagawea informó a la expedición que habían llegado al lugar donde la tribu Hidatsa les había asaltado y tomado presa a ella cinco años antes. El 7 de agosto llegaron a una unión de otro conjunto de ríos, obligándolos a tomar otra decisión. Ellos estaban cansados y la moral se hundía con rapidez. Ocultaron otra canoa para aligerar la carga. Los hombres querían llevar lo que podían en sus espaldas y dejar el resto atrás, pero los capitanes pensaron, que esto no sería sabio. Ellos necesitaban caballos, y pronto.

Hubo dudas crecientes sobre la navegabilidad del Columbia al otro lado. La lógica indicaba que el Columbia tenía un tiempo más corto para descender de las montañas y que resultaba en más cataratas y más acarreos. Pero los capitanes permanecieron llenos de esperanza. Su actitud fue la de estar positivos hasta que los eventos resultaran diferentes. Ellos creyeron que cuando escalaran a la cumbre de las montañas, ellos podrían ver algo parecido al otro lado.

Lewis decidió que podían separarse otra vez, enviando un grupo a encontrar el Columbia y caballos, aunque se tomara un mes. Esto fue un momento de jugar el todo por el todo. Lewis siguió teniendo firme confianza en su capacidad de encontrar a los Shoshon, y, luego negociar con ellos.

El 9 de agosto, Lewis vio por medio de su telescopio y avistó a un nativo sobre un caballo, presumiblemente un Shoshon, a unas dos millas adelante y viniendo hacia él. Lewis asumió que era un explorador buscando una partida de guerra de los Pies Negros. Lewis se llenó de alegría y sabía que si él podía acercarse lo suficiente al nativo, podría demostrarle sus intenciones pacíficas. Pero cuando ellos estaban poco más o menos a una milla de distancia (menos de 1½ km.), el nativo se detuvo. Lewis extendió una manta en el suelo como señal de amistad.

Shields y Drouillard acompañaban a Lewis a lo largo de caminos paralelos, pero fuera del alcance de tiro de Lewis. Lewis estaba con miedo de alertar a su grupo por miedo de levantar sospechas del nativo. El nativo cabalgó sobre su caballo hacia Lewis que estaba como a doscientas yardas (183 mts.). Lewis llamó en voz alta. El nativo en lugar de responder a Lewis, vio a Drouillard y a Shields. A unas cien yardas (0.91 mts.) , el nativo rápidamente regresó sobre su caballo, lo fustigó, saltó el arroyo, y desapareció entre los sauces, destruyendo toda esperanza de obtener caballos. Lewis se sintió arruinado. El 12 de agosto, Lewis encontró una fuente que representaba el nacimiento del Missouri. Se encaminó a la cima de una cresta divisoria, miró hacia arriba, hacia el oeste, y vio una inmensa gama de altas montañas, parcialmente cubiertas de nieve. Lewis tuvo la sorpresa de descubrir que no era el día para anclar a las faldas de las montañas, según lo informado por los aborígenes. En cambio, se enfrentaba a las imponentes Montañas Rocosas, que eran mucho más grandes e imponentes que ninguno de ellos jamás hubiera visto ni imaginado.

Súbitamente la geografía de la esperanza dio paso a la geografía de la realidad. No había ninguna vía acuática fácil que sirviera de simple embarcadero a través de una brecha suave. La visión de encontrar una ruta marítima desde el Mississippi hasta el Pacífico estaba muerta. Con esta perspectiva, décadas de antiguas suposiciones sobre las montañas de América se hicieron añicos.

La expedición había penetrado en el país nativo, sin mucho para el comercio. Ni tenían contactos con los Shoshon para caballos. Quizá algún explorador pudo haber alertado a los Shoshon de mantenerse alejado de los nuevos extranjeros. No hubo ninguna ruta marítima hacia el Pacífico, como Jefferson tenía la esperanza.

La visión estaba muerta.

❖

MERIWETHER LEWIS experimentó la muerte de su visión. Con la vista en las Montañas Rocosas el 12 de agosto de 1805, Lewis vio sus esperanzas para encontrar una Norteamérica con todas las rutas por agua, ir al desagüe.

Bill Gothard escribió a cerca de los personajes bíblicos que experimentaron circunstancias que casi terminaron con sus sueños. Dios mismo les otorgó una visión que levantó sus esperanzas, solamente para frustrarlos, resultando en la muerte de su visión.[1]

Abraham

A Abraham se le dijo que él sería el padre de una gran nación, que en él "serán benditas todas las familias de la tierra" (Gn. 12:3). Después de años de espera por un hijo para que les naciera en su edad avanzada, Sara finalmente concibió e Isaac nació.

Su visión pareció cumplirse hasta que un día, Dios dijo a Abraham: "Toma ahora tu hijo, tu único, Isaac, a quien amas, y vete a tierra de Moriah, y ofrécelo allí en holocausto sobre uno de los montes que yo te diré (Gn. 22:2). Abraham tomó a Isaac y lo llevó a unos tres días de camino a la región del Monte Moriah, luchando con la idea de quitar la vida de su amado hijo. Dejando a sus siervos atrás, Abraham e Isaac subieron a la montaña. Abraham ató las manos y los pies de Isaac, lo colocó sobre el altar, y levantó su cuchillo para sacrificar a su hijo (Gn. 22:1-10). Abraham enfrentó no solamente la muerte de su visión, sino también la muerte de su propio hijo.

José

José recibió la visión que su familia se inclinaría ante él. Pero tuvo que sobrevivir a ser vendido como esclavo y sin embargo prosperó como administrador de Potifar. Su vida estaba viendo hacia arriba. Luego, fue falsamente acusado de violar a la esposa de Potifar y llevado a prisión.

Mientras estaba en la prisión, Dios le bendijo nuevamente. Encontró el favor con el guardián, quien colocó a José a cargo del resto de prisioneros. José fue tan efectivo que el guardián no necesitó supervisar el trabajo de José. Entre aquellos bajo la administración de José se encontraron dos prisioneros enviados por Faraón: un copero y un panadero. Una noche cada uno tuvo un diferente y preocupante sueño. José notó su preocupación y les preguntó por su abatido semblante. Los hombres se lamentaron que no hubiera quién les interpretara su sueño. José les dijo: "¿No son de Dios las interpretaciones? Contádmelo ahora" (Gn. 40:8).

José les escuchó y luego le dio al copero las buenas noticias que Faraón le restauraría en los siguientes tres días a su puesto. El panadero, sin embargo, tuvo la trágica noticia que sería ejecutado. José le rogó al copero no olvidarse de él para obtener su liberación, cuando el copero tuviera acceso a Faraón.

Así como José predijo, en tres días, el copero fue restituido en una fiesta de cumpleaños del Faraón, mientras que el panadero fue ahorcado. Las esperanzas de José debieron ser fuertes. Seguramente, el copero abogaría por él. Pero el copero no se acordó de José (Gn. 40:23). Olvidado, y todavía en la prisión, José debió pensar en que su visión estaba perdida.

Moisés

Moisés nació cuatrocientos años más tarde cuando los israelitas eran esclavos en Egipto. Milagrosamente rescatado de la orden de muerte del Faraón, Moisés fue criado por la hija del Faraón, recibiendo la mejor educación del mundo. Como un miembro de la corte, él tuvo la promesa de un gran futuro.

Si bien Moisés fue criado en el palacio del Faraón, él comprendió que era un israelita. Teniendo un sentido de su destino como libertador de Israel, él estaba apenado de ver a su pueblo trabajando bajo dura servidumbre. Un día él vio a un egipcio golpear a un hebreo. Viendo alrededor, que no había nadie, mató al egipcio y ocultó el cuerpo. Al día siguiente, vio a dos israelitas riñendo y él intervino, sirviendo como hebreo protector. Esta vez uno de ellos le dijo: "¿Quién te ha puesto a ti por príncipe y juez sobre nosotros? ¿Piensas matarme como mataste al egipcio?" (Éx. 2:14).

Moisés le sobrecogió temor. Su homicidio se había hecho de conocimiento público, y cuando el Faraón averiguó, Moisés vino a ser un hombre perseguido. Así que huyó de Egipto para vivir en Madián, 150 millas (241 kms.) lejos. Moisés fue descubierto y perseguido como un fugitivo. Para colmo de males, su propio pueblo no parecía apreciar sus esfuerzos por ayudarlos. Ahora él era un extranjero en una tierra distante, a cientos de kilómetros de su pueblo y sin esperanza de ver su visión terminada. Por cuarenta años, Moisés sirvió como un solitario pastor. Seguramente ha de haber creído que su visión había fracasado.

Jonás

A Jonás le fue dado el trabajo de predicar al pueblo de Nínive, la capital de Asiria, un archienemigo de Israel. Los ninivitas fueron especialmente conocidos por su bárbara crueldad y muchos israelitas podrían haber dado la bienvenida a la ira de Dios contra esta ciudad malvada. Jonás rechazó predicar allí, sabiendo que Dios podría tener misericordia hacia ellos. Así que él se embarcó en la dirección opuesta. La desobediencia de Jonás provocó una violenta tormenta que puso en peligro a la tripulación. Así que, descubierto, Jonás pidió ser arrojado al mar para salvarlos. Conforme la cabeza se hundía bajo las olas, Jonás debe haber creído que todas sus esperanzas y sueños se ahogaban con él (Jonás 1:1-15).

Josué

Josué, como segundo al mando con Moisés, vio todos los milagros del éxodo. Acompañó a Moisés a la montaña cuando recibió los diez mandamientos de Dios.

Designado para representar a su tribu como uno de los doce espías enviados para explorar la Tierra Prometida, Josué debió estar emocionado. Él estaría entre los primeros en ver la tierra que Dios prometió a su pueblo, después de cientos de años de esclavitud egipcia.

Cuando Josué y Caleb retornaron con los otros espías, sus esperanzas fueron frustradas por el mal reporte de los otros diez espías. Josué rasgó sus vestidos como muestra de pena y rogaba al pueblo para que tuvieran fe y tomaran la tierra. En lugar de responder con fe, el pueblo habló de apedrear a Moisés, Josué y Caleb, y a otros líderes (Números 14:7-10). Como resultado, Dios castigó al pueblo de Israel para que vagará por cuarenta años en el desierto como producto de su desobediencia. La visión de Josué para alcanzar la Tierra Prometida estaba muerta.

Los Apóstoles

Los apóstoles creyeron que Jesús era el Mesías prometido. Los profetas habían predicho su venida para salvar a Israel. Hasta Juan el Bautista creyó que Jesús había venido para cumplir las profecías apocalípticas, tocante al Rey Vencedor.

Cuando Jesús fue crucificado y sepultado, la visión de los apóstoles pereció, junto con Jesús. Sus esperanzas de ver a Jesús liberando a Israel fueron frustradas.

La Empresa Heroica puede resultar en una visión muerta. Cómo un líder responde a una visión muerta es una verdadera prueba de su pasión y sabiduría.

✧

Preguntas para discusión

1. ¿Cómo cree que Meriwether Lewis se sintió cuando se hizo evidente que su sueño no se haría realidad?
2. ¿Con cuál de los personajes bíblicos puede identificarse en este capítulo? ¿Por qué?
3. ¿Por qué Dios a veces lleva a su pueblo a través de tiempos de Visión Muerta?
4. Describa un tiempo cuando usted experimentó "la muerte de una visión".
5. ¿Cuál sería su respuesta si usted enfrentara la muerte de su visión?

Notas

[1] Bill Gothard. 1979. *Basic Seminar Textbook* (Libro de texto básico para seminario) Oak Brook, IL: *Institute for Basic Youth Conflicts* (Instituto para Conflictos Básicos de Jóvenes), págs. 150-151.

Sección III: Coraje hasta el final

"De coraje impávido, poseyendo una firmeza y perseverancia de propósito, de las que ninguna imposibilidad podría desviar de su dirección, yo no tendría ninguna vacilación en confiar la empresa a él".

~ Recomendación de Thomas Jefferson a Lewis
para comandar la expedición

Visión Renovada

"Ha resucitado de los muertos, y he aquí va delante de vosotros a Galilea". Entonces ellas, saliendo del sepulcro con temor y gran gozo, fueron corriendo a dar las nuevas a sus discípulos.

~ Mateo 28:7, 8

Agosto - Septiembre 1805

El 13 de agosto de 1805, un día después de ver la vista desmoralizadora de las Rocosas, el equipo de búsqueda de Lewis viajó nueve millas (14.4 kms.) más y se encontró con dos mujeres aborígenes, un anciano y algunos perros. Lewis intercambió regalos y los persuadió de llevarlos con su tribu. Dos millas después se encontraron con el espectáculo largamente anhelado; sesenta guerreros Shoshon sobre sus caballos preparados para la guerra. Los Shoshon detuvieron la expedición de Lewis, quienes bajaron sus fusiles en señal de paz. Los Shoshon esperaban encontrar enemigos guerreros Pies Negros y habrían atacado a Lewis de no ser por la presencia de las mujeres nativas que los acompañaban. El jefe se acercó a Lewis y calurosamente puso sus brazos alrededor de él. Por fin habían encontrado a los Shoshon y recibieron una bienvenida amistosa.

Mientras esperaban que el grupo de Clark les alcanzara, Lewis les preguntó sobre el paso hacia el Pacífico. Los Shoshon confirmaron que el camino estaba limitado por las montañas inaccesibles y los rápidos infranqueables y rocosos que desvanecían toda esperanza de pasar por tierra o agua. Esto era oficial. No había ruta transcontinental o algo remotamente parecido.

No solo era imposible por tierra o agua, era asimismo inadmisible ir a caballo a lo largo del río. De hecho, ningún Shoshon había cruzado las montañas al otro lado jamás.

No obstante, Lewis estaba animado a escuchar acerca de la tribu de los Nez Perce, que habitaban un río, al otro lado de las Montañas Rocosas, el cual fue reportado que "desembocaba dentro de un gran lago de agua de mal sabor, hacia el sol poniente". Esta referencia al Océano Pacífico enlazó al continente y les dio renovadas esperanzas.

Por primera vez hubo un conocido enlace entre los océanos. Los Shoshon dijeron que los Nez Perce cruzaban las Rocosas cada año para cazar búfalos en las planicies, entonces los Nez Perce podrían conocer la mejor ruta. Si el Cuerpo de Exploración podría trabajar con los Nez Perce para encontrar el fácil pasaje hacia el oeste, al otro lado del continente, parte de su misión podría ser salvada. Había aún esperanza de completar su propósito.

Lewis estaba deseoso de escuchar más acerca de lo que estaba por delante. El camino estaba malo y no había comida, así que los viajeros temían seguir con hambre o comer bayas para seguir con vida. Pero Lewis permaneció optimista: "Si otros podrían lograrlo, nosotros también podremos". Cada vez que ellos enfrentaban una mala experiencia, Lewis siempre recordaba que posiblemente no empeoraría más. Pero aquello estaba pareciendo peor. A pesar de los hechos, la motivación de los expedicionarios estaba todavía viva, y Lewis creyó que los hombres se levantarían para la ocasión por el bien de la misión.

Para avanzar, Lewis necesitaba asegurarse de los caballos de los Shoshon y de los guías para llegar a los Nez Perce. En vista que los Shoshon necesitaban armas para cazar a los búfalos, Lewis les ofreció para el futuro, armas y apoyo del gobierno. Las negociaciones casi se rompieron cuando algunos Shoshon sugirieron que Lewis era un aliado de sus enemigos y preparaba una emboscada. Lewis los confrontó duramente, poniendo en duda su valor y desafiando su hombría. La estrategia funcionó; los caballos y los guías fueron confirmados y las negociaciones se llevaron a cabo.

Sin embargo, Lewis temía que las sospechas de que los Shoshon volvieran cuando Clark llegara al campamento, armado hasta los dientes. Deseando alejar sus temores, Lewis dio su rifle al jefe y les informó de que una mujer Shoshon (Sacagawea) era parte del equipo de Clark. Esto aumentó su confianza aún más, de modo que Lewis pidió que uno de sus guerreros acompañara a Drouillard a encontrar a Clark y traerlo al campamento.

Cuando Clark llegó, una conmoción estalló. "Pez Saltadora", una de las jóvenes Shoshon, reconoció a Sacagawea. "Pez Saltadora" iba con Sacagawea el día que ella fue secuestrada por los Hidatsas. Las dos mujeres lloraban y hablaban a la vez durante algunos minutos. Entonces Sacagawea notó al jefe Cameahwait. ¡Ella saltó a sus brazos y lloró profusamente, reconociéndolo como su hermano! Ningún novelista se atrevería a inventar una escena así.

◇

Esto fue en menos de veinticuatro horas después de la muerte de la visión de Lewis (viendo el completo panorama de las Montañas Rocosas) que su visión fue renovada. Encontrándose con los Shoshon, que demostraron ser amigables, y habiendo reconectado a Sacagawea con sus amistades y familiares, fue un maravilloso gozo de eventos. ¡El jefe resultó ser hermano de Sacagawea!

Bill Gothard habló acerca del "cumplimiento sobrenatural de la visión original".[1] Él dijo: "Dios generalmente lleva a cabo nuestra expectativa de maneras que nosotros jamás pudimos haber pensado".

Ni más ni menos, cuando la visión de Lewis parecía muerta, nuevas esperanzas emergieron. Él ganó nueva realización que había un camino para cumplir la visión que Jefferson le había encomendado. La Visión Renovada a veces viene derecho después de los sueños frustrados. En la Empresa Heroica, cuente con Dios para que le proporcione esperanza fresca en medio de la desesperación. Esto es importante para seguir adelante, aun cuando la perspectiva parezca desierta. La renovación de la visión podría estar justamente a la vuelta de la esquina.

De muerte a vida

Cuando el cuchillo de Abraham fue alzado para matar a su hijo, Isaac, un ángel del Señor le llamó desde el cielo, diciendo:

> "...Abraham, Abraham. Y él respondió: Heme aquí. Y dijo: No extiendas tu mano sobre el muchacho, ni le hagas nada; porque ya conozco que temes a Dios, por cuanto no me rehusaste tu hijo, tu único".
>
> ~ Génesis 22:11-12

La fe de Abraham en Dios fue probada. Dios proveyó un carnero en el arbusto que sirvió como sacrificio. Abraham subió al monte Moriah con un hijo bueno para morir, pero bajó la montaña con su visión renovada.

De prisionero a primer ministro

José languidecía en la cárcel con pocas esperanzas de un posible indulto. Le había pedido al copero recordarlo el día que fuese liberado, pero el copero se olvidó de José. Dos años pasaron y José aún permanecía en prisión.

Una noche, el Faraón tuvo dos sueños que lo turbaron. Él envió por sus magos y consejeros para interpretar los sueños, pero ninguno fue capaz de hacerlo. La controversia sobre los sueños de Faraón activó la memoria del copero y recordó la capacidad de José para interpretar sueños. De esta forma, Faraón envió por José para que le interpretara sus sueños. La respuesta de José fue: "No está en mí; Dios será el que dé respuesta propicia a Faraón" (Gn. 41:6).

José dijo a Faraón que siete años de abundancia estaban por venir y que serían seguidos por siete años de hambruna y que esta catástrofe sería pronto. José continuó, "Por tanto, provéase ahora Faraón de un varón prudente y sabio, y póngalo sobre la tierra de Egipto" (Gn. 41:33). Él pasó de dar a otros consejo a ayudar a Egipto ante la llegada de la crisis. El plan pareció bueno a Faraón y a sus oficiales, así que a José se le dio autoridad sobre cada uno, excepto el rey. En cuestión de momentos, José pasó de ser prisionero a primer ministro. Dios otorgó Visión Renovada a la vida de José.

De pastor de ovejas a libertador

Moisés estuvo trabajando como pastor de ovejas en el desierto de Madián, a 150 millas (241 kms.), lejos de su pueblo en Egipto. Él estuvo una vez disfrutando los "tesoros de Egipto" (Heb. 11:26). Pero ahora él estaba viviendo una vida insignificante, sin esperanza de liberación de sus compañeros hebreos de la esclavitud de Egipto.

Un día, Moisés fue a vigilar el rebaño de su suegro Jetro, a un rincón, lejos del desierto. Repentinamente, un ángel del Señor se le apareció en una zarza ardiendo, Dios lo llamó, explicando la asignación para librar al pueblo de Dios de la esclavitud de Egipto (Éxodo 3:1-10). En un breve encuentro en el desierto, Moisés salió de la oscuridad para ser líder de unos de los proyectos más grandes de la historia. La visión de Moisés tuvo nueva vida.

Un leve respiro

La animación de Josué para tomar la Tierra Prometida fue apagada a causa de la rebelión de los israelitas en Cades Barnea. Mientras el pueblo estuvo dispuesto a apedrear a Josué, Dios estuvo presto para azotar al pueblo con una plaga, formando en Moisés una gran nación. Pero cuando Moisés intercedió, Dios perdonó al pueblo y perdonó sus vidas. Sin embargo, Dios decidió otra vez no permitir que los rebeldes entraran a la Tierra Prometida. Solamente a Caleb y Josué les fue permitido entrar.

La esperanza de Josué de ver la Tierra Prometida fue restaurada, aunque hubo primero que vagar por cuarenta años en el desierto (un año por cada uno de los cuarenta días que ellos espiaron la tierra). Los diez espías que dieron el informe malo fueron castigados con una plaga y murieron. Sólo Josué y Caleb sobrevivieron (Núm. 14:10-38). Josué tuvo que perseverar por décadas antes de recibir una Visión Renovada.

Una segunda oportunidad

Jonás fue arrojado por la borda y se vio descendiendo a las profundidades de la tumba de agua. Su vida y ministerio parecían estar tocando a su fin, pero Dios proveyó un gran pez que lo tragase por tres días y tres noches. Jonás elevó una oración de gratitud. "Invoqué en mi angustia a Jehová, y él me oyó; Desde el seno del Seol clamé, y mi voz oíste" (Jon. 2:2).

A Jonás le fue dada una segunda oportunidad para obedecer el mandato de Dios. Dios mandó al pez a vomitar a Jonás en tierra seca y su misión le fue restaurada.

"Levántate y ve a Nínive, aquella gran ciudad, y proclama en ella el mensaje que yo te diré" (Jon. 3:1). Esta vez Jonás obedeció y predicó sobre la destrucción que estaba por venir a Nínive. Los ninivitas creyeron a Dios y se arrepintieron. Dios vio su arrepentimiento y les tuvo compasión. La visión resucitada de Jonás resultó en la salvación de Nínive.

De la muerte a la resurrección

Los apóstoles fueron devastados por la muerte de Jesús en la cruz. Por temor a sus vidas, ellos fueron a Jerusalén por tres días, aturdidos por la serie de eventos que partieron su mundo en pedazos. Temprano el domingo en la mañana, un grupo de mujeres salieron para la triste tarea de ungir el cuerpo de Jesús en la tumba. Cuando ellas llegaron, un ángel del Señor les apareció y les dijo: "No temáis vosotras; porque yo sé que buscáis a Jesús, el que fue crucificado. No está aquí, pues ha resucitado, como dijo. Venid, ved el lugar donde fue puesto el Señor" (Mt. 28:5-6).

Su abatimiento se transformó a un inexplicable gozo. El ángel les dijo que regresaran por su camino, después de haberse encontrado con Jesús mismo. Así que las mujeres se apresuraron a alejarse de la tumba, atemorizadas, no obstante llenas de gozo, y corrieron a avisar a sus discípulos. Sus tres días de la visión muerta habían sido resucitados a nueva vida en compañía de Jesús mismo.

Cuando parece que la visión está muerta, si es de Dios, él la revivirá en su tiempo y a su modo. Dios está en el negocio de la Visión Renovada para quienes intentan la Empresa Heroica.

✧

Preguntas para discusión

1. ¿En este capítulo, con cuál personaje bíblico se identifica más usted? ¿Por qué?
2. Describa un tiempo cuando experimentó una Visión Renovada en momentos en que usted pensó que su visión había fallecido.
3. Cuando usted sintió que su visión había muerto, ¿cómo mantuvo la fe para seguir adelante?
4. Josué vagó en el desierto por cuarenta años antes de recibir una visión renovadora. ¿Cuánto tiempo está dispuesto/a a esperar para ver su visión renovada?
5. Hebreos 12:11 dice: "Es verdad que ninguna disciplina al presente parece ser causa de gozo, sino de tristeza; pero después da fruto apacible de justicia a los que en ella han sido ejercitados". ¿Cómo se relaciona este versículo con las historias contenidas en este capítulo?

Notas

[1] Bill Gothard. 1979. *Basic Seminar Textbook* (Libro de texto básico para seminario) Oak Brook, IL: *Institute for Basic Youth Conflicts* (Instituto para Conflictos Básicos de Jóvenes), págs. 149-150.

Desánimo Persistente

Pero el pueblo de la tierra intimidó al pueblo de Judá, y lo atemorizó para que no edificara ~ Esdras 4:4

Septiembre 1805

Con la expedición unida una vez más, el trabajo fue liviano para ellos. Ellos habían encontrado la fuente del Missouri, pero todavía tenían que cruzar las montañas y eran dependientes de la ayuda de los guías Shoshon.

A medida que se inició la escalada peligrosa el 11 de septiembre de 1805, se alejaban de la fuente de los alimentos. El recorrido fue a través de matorrales en las laderas rocosas, donde los caballos estaban en constante peligro de caer. De hecho, los caballos frecuentemente se cayeron. Varias veces estas caídas parecía que darían lugar a una muerte segura a los caballos, pero para sorpresa de los expedicionarios, los caballos se levantaron con una lesión mínima. Delante de ellos se hallaban cubiertas de nieve las montañas Bitterroot (raiz amarga), las más terribles que hombre alguno haya visto en su vida. Según los Shoshon, esta travesía podía tomar al menos seis días.

El 16 de septiembre, fue hasta ese momento, el peor día de la expedición. Cayeron ocho pulgadas (20 cms.) de nieve. Clark dijo que nunca había estado tan mojado y frío en todas sus partes del cuerpo. Los hombres y las bestias estaban cerca de la inanición, por lo que algunos de los caballos fueron sacrificados para alimentarse. Reinaba un espíritu de decaimiento y los hombres estaban cerca de su límite de resistencia física. Varios de los hombres enfermaron de disentería, aún la retirada era impensable. Ellos podrían más bien morir que tratar de regresar. Además, retroceder unos cinco días de viaje era imposible.

Matar más caballos podría significar abandonar la mayor parte de las provisiones, se decidió entonces que Clark tomaría seis cazadores y se adelantara para hallar comida.

Seis millas después (9 kms.), Lewis alcanzó un cerro, una intersección en la cordillera y para su inexpresable alegría, vio una pradera que descendía hacia el oeste. El panorama revivió grandemente sus espíritus. El siguiente día Lewis encontró comida que Clark dejó para ellos. Con las fuerzas renovadas de todos, Lewis ordenó unos once días de marcha forzada sobre 160 millas (257 kms.) de terreno escabroso antes de hallar las tiendas de campo de los Nez Perce.

Ellos habían conquistado las Montañas Rocosas, gracias al liderazgo sobresaliente, la perseverancia disciplinada de los hombres, y de la destreza de los guías Shoshon. Durante esta prueba los miembros del Cuerpo de Exploración no se enojaron o arremetieron contra sus líderes o insistieron en volver atrás. Ellos se habían formado en una unidad comprometida al éxito de la empresa.

Cabello Trenzado era el jefe de los Nez Perce. Él dijo a la expedición que eran solo unas pocas semanas para llegar al océano. Los capitanes habían aprendido que las estimaciones de los nativos eran optimistas (o los nativos eran muy hábiles para viajar rápido), por eso escucharon con cautela el informe. Durante su visita con los Nez Perce, varios hombres estaban enfermos con quejas de pesadez y problemas intestinales. Habían comido una raíz hervida que los llenó de tanto gas que hasta les era difícil respirar. Durante doce días continuaron sintiéndose mal, cada vez más débiles y demacrados. Hubiera sido fácil para los Nez Perce matar y robar sus bienes de valor incalculable.

De hecho, la historia oral de Nez Perce indica que los indios consideraron matarlos, pero fueron convencidos de lo contrario por una mujer llamada Watkuweis. Años antes, ella había sido capturada por los Pies Negros y vendido como esclava. Watkuweis sostuvo que los comerciantes blancos que conoció la trataron mejor que los Pies Negros e instó a los Nez Perce a tratar bien a la expedición del hombre blanco.

En un mundo dominado por los hombres, esta fue la tercera ocasión que una mujer había salvado la expedición: Sacagawea que rescató los suministros del río Missouri, y "Pez Saltadora" quien presentó a Lewis con el jefe Cameahwait, y ahora, Watkuweis.

◆

EN PRIMER LUGAR LA visión estaba muerta. Luego fue renovada. El Cuerpo de Exploración había luchado contra buen número de extenuantes desafíos físicos. La caminata por las montañas fue difícil más allá de lo descrito. Los

155

hombres estaban enfermos y vulnerables. Sólo la bondad de los extraños los mantuvo vivos.

El desaliento es un enemigo persistente. Cuando se enfrentan descensos emocionales, uno tras otro, es tentador renunciar. En la Empresa Heroica, es esencial perseverar en el Desánimo Persistente.

Perseverancia

Hay muy pocos detalles de la construcción del proyecto de Noé, pero el hecho de que tomó 120 años para completar el arca de acuerdo al diseño de Dios, sugiere su masivo alcance. Uno no puede imaginar a lo que podría conducir perseverar por 120 años. Talvez aquello fue aburrido en tiempo, quizás fue embarazoso construir un gran barco en tierra seca. Ciertamente debió ser difícil recolectar a los animales de la tierra dentro del arca. Acaso, hubo quienes se opusieron a Noé, o talvez él llegó a frustrarse con el tiempo. Noé es el ejemplo de perseverancia de cara al Desánimo Persistente.

Duda

Dios conoció la tendencia de Gedeón para dudar y buscar segundas conjeturas, y sabía que Gedeón necesitaría más ánimo que los demás. Así como Gedeón preparó su reducido ejército para la batalla, los madianitas estaban acampados abajo en el valle. Durante la noche, el Señor dijo a Gedeón:

> "Levántate, y desciende al campamento; porque yo lo he entregado en tus manos. Y si tienes temor de

descender, baja tú con Fura tu criado al campamento, y oirás lo que hablan; y entonces tus manos se esforzarán, y descenderás al campamento".

~ Jueces 7:9-11

Gedeón inmediatamente sacó ventaja de esta oportunidad y se aventuró a escondidas hasta los puestos avanzados de los madianitas, de los amalecitas y de sus aliados viéndolos como "langostas en abundancia". A su llegada, Gedeón escuchó a un hombre que contaba su sueño a un compañero. Él decía: "Veía un pan de cebada que rodaba hasta el campamento de Madián, y llegó a la tienda, y la golpeó de tal manera que cayó, y la trastornó de arriba abajo, y la tienda cayó". El compañero interpretando el sueño dijo: "Esto no es otra cosa sino la espada de Gedeón hijo de Joás, varón de Israel. Dios ha entregado en sus manos a los madianitas con todo el campamento" (Jue. 7:12-14).

Cuando Gedeón escuchó el sueño, recibió la fortaleza necesaria. Lleno de coraje, dio gracias a Dios y regresó al campamento para despertar a su ejército, diciendo: "Levantaos, porque Jehová ha entregado el campamento de Madián en vuestras manos" (Jue. 7:15). Dividiendo la tropa en tres escuadrones, los envió a rodear el campamento enemigo. Ellos tocaron las trompetas, quebraron los cántaros, levantaron las antorchas y gritaron: "¡Por la espada de Jehová y de Gedeón!" (v. 20). En respuesta, los madianitas salieron corriendo, llorando llenos de temor y atacándose unos a otros con sus espadas.

Ninguno de los trescientos israelitas necesitó desenvainar su arma contra el enemigo.

Distracciones fastidiosas

Nehemías condujo al pueblo a trabajar en el muro, a pesar de la oposición de Sambalat y Tobías. Armó a la gente y les dijo: "Todos ustedes, incluso los ayudantes, quédense en Jerusalén para que en la noche sirvan de centinelas y de día trabajen en la obra" (Neh. 4:22 NVI). Cuando los judíos estaban sometiendo a sus hermanos a un irrazonable impuesto, Nehemías lo confrontó. Él mantuvo a las personas a que se movilizaran hacia la visión. Reconstruyó el muro sin dejar un vacío en medio. Cuando se preparaba para restablecer las puertas y portones, Sambalat y sus camaradas se aparecieron una vez más.

Nehemías recibió un mensaje invitándole para una reunión. Sabiendo que esto era una conspiración, él respondió, por vía de los mensajeros diciendo: "Yo hago una gran obra, y no puedo ir, porque cesaría la obra, dejándola yo para ir a vosotros" (Neh. 6:3). Este procedimiento se repitió cuatro veces. Nehemías respondió de la misma manera cada vez. La quinta vez, Sambalat y Gesem acusaron a Nehemías de planear una revuelta y amenazaron con decirle al rey de su presunta deslealtad.

Sabedor que esto era otra treta para desalentar a las personas, Nehemías no cayó en su trampa. Él envió un breve rechazo y oró: "Ahora, pues, oh Dios, fortalece tú mis manos" (Neh. 6:9). Él no sería distraído por los Desánimos

Fastidiosos, y confió en Dios para fortalecerse en él. Pero los Desalientos Fastidiosos serían más.

No mucho después de esto, surgió otro intento para hacer flaquear a los trabajadores, esta vez con Semaía, quien urgió una reunión con Nehemías a puerta cerrada en el templo. Semaía usó el pretexto que él estaba procurando salvar a Nehemías de una conspiración de asesinato. Detectando el engaño, Nehemías se rehusó a participar de la reunión. Se dio cuenta que Sanbalat le había sobornado para intimidarme y hacerme pecar siguiendo su consejo. De "este modo podrían hablar mal de mí y desprestigiarme" (6:13 NVI). Nehemías siguió adelante pese al acoso persistente.

Cediendo ante el fastidio

Distinto a Nehemías, Zorobabel cayó víctima del desánimo. Él y Josué reconstruían exitosamente el Templo bajo las órdenes del rey Ciro, cuando se descubrió una conspiración de sus enemigos para destruir su trabajo. Pretendiendo ser sus aliados, los enemigos pidieron unirse al equipo. Cuando Zorobabel rechazó su solicitud, una nueva amenaza surgió:

> "...el pueblo de la tierra intimidó al pueblo de Judá, y lo atemorizó para que no edificara. Sobornaron además contra ellos a los consejeros para frustrar sus propósitos, todo el tiempo de Ciro rey de Persia y hasta el reinado de Darío rey de Persia".
> ~ Esdras 4:4-5

Después de cuatro años de trabajo y oposición, el pueblo detuvo el trabajo del templo, dejándolo inacabado, "el trabajo de reconstrucción del templo de Dios en Jerusalén quedó suspendido" (Esd. 4:24 NVI).

Dalila hizo todo lo posible para obtener la revelación de Sansón en dónde estaba la fuente de su fortaleza. De hecho, después de varios intentos fallidos, Dalila dijo: "Ya me has engañado tres veces, y no me has descubierto aún en qué consiste tu gran fuerza" (Jue. 16:15). El autor de Jueces dijo: "Como todos los días lo presionaba con sus palabras, y lo acosaba hasta hacerlo sentirse harto de la vida" (16:16 NVI), hasta que Sansón no podía más. Las molestias de Dalila trajeron abajo a Sansón, hasta que el finalmente la complació y le dijo todo. Dalila envió el mensaje a sus compañeros filisteos conspiradores y Sansón fue rápidamente aprisionado. Sansón fue otro de los líderes que sucumbieron ante los Desánimos Persistentes.

Es fácil desanimarse en la Empresa Heroica pero Pablo dijo: "No nos cansemos, pues, de hacer bien; porque a su tiempo segaremos, si no desmayamos" (Gál. 6:9). En su Empresa Heroica, Nehemías, Noé, y Gedeón vivieron este principio, en tanto que los Desánimos Persistentes obtuvieron lo mejor de Sansón y Zorobabel.

◇

Preguntas para discusión

1. ¿Cuáles son algunas maneras en las que se desalienta?
2. Si afrontara la Visión Muerta, pero luego persevera en la Visión Renovada, ¿cómo podría responder si afrontara una nueva serie de eventos desalentadores?
3. ¿Cuáles son algunas de las formas de desaliento experimentados por los personajes bíblicos en este capítulo? ¿Cómo manejaron ellos ese desánimo?
4. ¿Qué piensa que pudo haber sucedido si Noé, Gedeón y Nehemías hubieran cedido al Desánimo Persistente? ¿Cómo pudo sus vidas haber sido diferentes? ¿Qué hubieran hecho en la historia?
5. ¿Cómo hubieran cambiado la historia si Zorobabel y Sansón no hubieran cedido ante el Desánimo Persistente?

David se dio prisa, y corrió a la línea de batalla contra el filisteo.
Y metiendo David su mano en la bolsa, tomó de allí una piedra, y
la tiró con la honda, e hirió al filisteo en la frente.

~ 1 Samuel 17:48-49

Octubre - Noviembre 1805

El Cuerpo de Exploración desarrolló una amistad con los Nez
Perce, quienes resultaron ser hospitalarios, y pidieron al equipo
permanecer más tiempo entre ellos. Lewis se debatió entre su
deseo de mantenerse en movimiento y el objetivo de acercarse
a los Nez Perce en la esfera de la diplomacia estadounidense.
Los capitanes decidieron que se quedarían para una visita más
larga durante su viaje de regreso en la primavera de 1806.

Los Nez Perce les mostraron cómo construir canoas quemadas.
Cuando ellos concluyeron, el equipo estuvo fuera una vez más.
El 6 de octubre de 1805, la expedición marchó hacia la unión
de los ríos Snake y Columbia en la actual Washington y luego
hacia la llanura de Columbia. El árido paisaje contrastaba
marcadamente con las montañas boscosas que recientemente
habían dejado atrás. A medida que avanzaban, se encontraron
con una serie de rápidos por los que parecía demasiado
peligroso navegar.

Sus canoas eran incómodas y en muchas ocasiones fácilmente
se inundaron, ocasionando fugas. Aun cuando los exploradores

enfrentaron los peligrosos rápidos, algo así como quince veces en un día, los hombres urgieron a los capitanes recorrer los rápidos, en lugar de perder tiempo haciendo los acarreos. El guía Shoshon "Viejo Toby", se atemorizó por las acciones, que mejor se levantó en la noche sin recibir su paga.

En cierta ocasión ellos llegaron a una caída de agua de unos veinte pies (6 mts.)que debió ser porteado. Contrataron nativos locales y caballos para ayudarse con los objetos más pesados y recibir orientación sobre cómo maniobrar con las corrientes río abajo.

Cuando ellos descubrieron una serie de cascadas (conocidas ahora como "The Dalles", al este de Portland, Oregon), Clark se asombró por la apariencia horrible de estas "aguas agitadas, turbulentas, hirvientes y arremolinadas en cada dirección". En términos modernos esto era un rápido Clase V, significando que hasta una canoa moderna, diseñada para rápidos, no podría sobrevivir. Los capitanes seleccionaron los elementos prioritarios para ser transportados por tierra, tales como diarios, escopetas e instrumentos científicos. Entonces ellos procedieron a intentar pasar la cascada "The Dalles" en sus canoas.

Las tribus nativas que eran expertos piragüistas llegaron por cientos a los bancos de la orilla del río para presenciar a los ingenuos blancos ahogarse. También estaban dispuestos a recoger los restos de los equipos y suministros cuando los hombres de la expedición fallecieran. Pero ante el asombro de los espectadores, los viajeros sobrevivieron sin incidentes. Más tarde ellos repitieron esta hazaña en "Estrechos largos", otra vez con numerosos nativos observando cómo se desafiaban los pronósticos.

A medida que se abrieron paso por el Columbia, el Cuerpo de Exploración se encontró con las tribus Chinook, Tillamook y Clatsop. Estas tribus no fueron belicosas como los aborígenes de las llanuras, pero los Chinooks asaltaban constantemente la expedición. Los suministros del equipo eran limitados, por lo que cualquier pérdida era significativa. En varias ocasiones los hombres tuvieron que contenerse de ser violentos ante el agravante provocado por los constantes hurtos. La expedición no tenía ganas de pasar un invierno con estas tribus, después de tan cálida amistad con los Nez Perce y los Mandan.

El 2 de noviembre, llegaron al territorio occidental que había sido previamente cartografiado por otros exploradores. Ahora los mapas del este y del oeste podrían reunirse por primera vez. Estaban haciendo buen progreso cada día y el 7 de noviembre vieron lo que creían era el Océano Pacífico.

◇

UN BUEN LÍDER reconoce el tiempo oportuno para tomar medidas valientes. Lewis y Clark estuvieron dispuestos a enfrentar los rápidos de Clase V a fin de mantener el calendario previsto para llegar al Océano Pacífico. La Biblia nos da ejemplos de líderes tomando decisiones audaces para mantener el proyecto en marcha.

Ester

La reina Ester se enteró sobre el plan de Amán para exterminar a los judíos. Cuando Mardoqueo le pidió interceder a favor de los suyos, ella supo que tal plan contenía riesgos. Su predecesora, la reina Vasti, había sido recientemente depuesta. Las reinas no estaban por encima de la ley de ser sustituidas. Pero Mardoqueo dejó en claro que Ester no estaba libre de ser alcanzada por el exterminio de Amán. Estaba entre la espada y la pared. Cuando ella respondió a Mardoqueo para que se realizarán oraciones a su favor, reconoció que su vida estaba en grave peligro, cuando dijo: "Entraré a ver al rey, aunque no sea conforme a la ley; y si perezco, que perezca" (Est. 4:16). Estaba dispuesta a morir por su misión.

David

Goliat se situó frente al ejército filisteo en una colina frente a los israelitas en el otro lado. Durante cuarenta días en fila, Goliat salía cada mañana para desafiar al ejército de Israel, retándolos a una lucha uno a uno. En la escena estaba David deambulando inocentemente buscando a sus hermanos del ejército para entregarles pan. Poco después de que él llegara, comenzó el espectáculo diario de Goliat. David vio lo que pasaba y escuchó de la recompensa que se ofrecía para el que se enfrentara ante el gigante. Llegó la noticia al rey Saúl de un voluntario que podría aceptar el desafío, y David fue llevado a la tienda de campaña del rey para ser entrevistado.

David convenció a Saúl de que era capaz, y con la honda en mano, eligió cinco piedras adecuadas. Viendo la juventud de David, Goliat se burló de él con este refrán: "Ven a mí, y daré tu carne a las aves del cielo y a las bestias del campo" (1 Sam. 17:44). Más que infundirle temor y hacerse para atrás, David respondió con clase.

> Jehová te entregará hoy en mi mano, y yo te venceré, y te cortaré la cabeza, y daré hoy los cuerpos de los filisteos a las aves del cielo y a las bestias de la tierra; y toda la tierra sabrá que hay Dios en Israel.
> ~ 1 Samuel 17:46

Conforme el enemigo se acercaba al ataque, David ejecutó su plan. Corriendo rápidamente hacia la línea de batalla, David metió su mano en su bolso, cargó su honda, lanzó la piedra y dejó a Goliat inconsciente (17:48). David mostró increíble fe y osadía.

Sansón
El pueblo de Judá quería apaciguar a sus opresores filisteos, así que buscaron a Sansón para entregárselo al enemigo. Pero Sansón se ocultó. Cuando ellos finalmente lo hallaron, lo ataron con cuerdas. A medida que se lo llevaban, el Espíritu de Dios vino sobre él y atacó hasta mil filisteos con la quijada de un asno (Jue. 15:14-18). Sansón mostró su pasión al derrotar a los filisteos, cuando sus compatriotas estaban dispuestos a entregarlo.

Pedro
Cinco años después de la muerte y resurrección de Jesús, los gentiles no habían recibido el evangelio, expectantes a

la conversión de los judíos, antes de poder ser cristianos. Se esperaba que un judío diligente mantuviera las leyes dietéticas y se abstuviera de asociarse con los gentiles. Todavía la iglesia estaba creciendo. Pablo se había convertido, el Evangelio estaba siendo predicado y los milagros se estaban realizando en el nombre del Señor Jesús. Pedro resucitó a Tabita que estaba muerta y esto creó un avivamiento en Jope, haciendo que Pedro permaneciera en ese lugar por un buen tiempo.

Cornelio, un gentil temeroso de Dios, que vivía a treinta millas de distancia en Cesárea, recibió una visión donde se le encargaba invitar a Pedro a su casa. En ese mismo momento Pedro estaba orando en la azotea en Jope, en eso dos sirvientes de Cornelio iban de camino para indicarle a Pedro a venir a la casa de un gentil, una flagrante violación a la costumbre judía.

Pedro fue imprudente e impulsivo por naturaleza, pero necesitó alguna persuasión de parte de Dios para convencerlo de que fuera a la casa de un gentil para entregar el mensaje del Evangelio. Pedro sabía que podría ser duramente criticado por sus compañeros judíos por romper esa regla largamente observada en su cultura. La creencia de Cornelio en el mensaje llevó a su casa a recibir al Espíritu Santo, lanzando una amplia extensión del Evangelio en el mundo. Pedro dio un paso audaz de fe, e hizo posible la Gran Comisión, aunque el necesitaba un empujón en el transcurso.

Felipe

A veces una respuesta audaz requiere dejar un lugar seguro, un ministerio fructífero para iniciar algo nuevo y desconocido. Felipe fue uno de los primeros diáconos en la iglesia de Jerusalén. Después del apedreamiento de Esteban, fue a una ciudad en Samaria a predicar el Evangelio y experimentaron una asombrosa respuesta, con milagros y señales que llamaron la atención a su mensaje. Espíritus malos fueron expulsados y gente sanada. Incluso un líder hechicero fue bautizado. Tanto ocurrió en Samaria que provocó que los apóstoles Pedro y Juan fueran enviados ahí como apoyo para reforzar el ministerio de Felipe. "Así que había gran gozo en aquella ciudad" (Hch. 8:8).

Mientras Felipe disfrutaba de tan grande respuesta en Samaria, un ángel repentinamente le dio instrucciones de abandonar Samaria e ir al desierto en camino de Jerusalén a Gaza, a unos cien millas (150 kms.) de distancia. Se le ordenó que dejara un ministerio próspero, lleno de milagros y buen fruto, a fin de caminar solo en el desierto por una razón desconocida para él.

Junto al camino se encontró con un oficial etíope a cargo de los tesoros de la reina, quien leía al profeta Isaías. Dios preparó la situación para el momento exacto. El oficial le pidió a Felipe le explicara el pasaje y al recibir las Buenas Nuevas, el etíope pidió ser bautizado a un lado del camino. Cuando ellos salieron del agua, Felipe fue milagrosamente llevado a unos veinte millas (30 kms.) a la ciudad de Azoto.

Felipe estuvo dispuesto a escuchar la dirección del Espíritu Santo, aún sin una plena explicación. Porque él estuvo abierto a dejar un trabajo floreciente, su obediencia resultó en la expansión del evangelio a Etiopía. La simple obediencia a veces requiere dejar la comodidad familiar.

Jesús

Las Decisiones Audaces conllevan una buena voluntad para hacer frente a otros. Jesús estuvo con frecuencia acosado por los líderes judíos quienes buscaban acusarlo, para agarrarlo en un momento inoportuno. Jesús estaba enojado porque ellos cuidaban más su reputación, que cuidar al pueblo.

Un día de reposo Jesús vino a una sinagoga y vio un hombre con una mano seca. Los líderes judíos vigilaron estrechamente para ver si Jesús quebrantaría el día de reposo para sanar al hombre. Reconociendo sus motivos, Jesús provocó la situación diciendo al hombre que se pusiera de pie al frente de todos. Entonces Él irritó a los líderes judíos. Además, cuando les interrogó, diciendo: "¿Es lícito en los días de reposo hacer bien, o hacer mal; salvar la vida, o quitarla? (Mc. 3:4). Enojado y entristecido por su dureza de corazón, Jesús los confrontó diciendo al hombre: "Extiende tu mano" (Mc. 3:5). En tanto que él lo hizo, la mano del hombre se restauró completamente.

La pasión de Jesús para destruir el trabajo del maligno lo condujo para luchar fuertemente contra aquellos quienes hacen de menos el sufrimiento de otros. Su celo incitó la rabia de los fariseos. Desde esa ocasión, ellos comenzaron a maquinar como podrían matar a Jesús.

Pablo

Aun estando bajo arresto domiciliario en Roma, Pablo estaba apasionado de cómo compartir las Buenas Nuevas "predicando el reino de Dios y enseñando acerca del Señor Jesucristo, abiertamente y sin impedimento" (Hch. 28:31).

Las Decisiones Audaces pueden envolver consecuencias desagradables, pero incluso ellas forman una parte esencial de la Empresa Heroica. "Huye el impío sin que nadie lo persiga; mas el justo está confiado como un león" (Pr. 28:1).

✧

Preguntas para discusión

1. ¿Cómo los líderes de los Proyectos Bíblicos muestran la audacia?
2. Las Decisiones Audaces vienen en muchas formas. ¿De qué manera mostró Felipe esta audacia?
3. Dé unos ejemplos de por qué la audacia es necesaria para mantener un proyecto en marcha.
4. ¿Se ve a usted mismo como una persona audaz por naturaleza? ¿Por qué si o por qué no? Dé algunos ejemplos.
5. Si usted fuera a aconsejar a alguien quien es una persona prudente por naturaleza, ¿cómo podría explicar la forma de ejercer la audacia en el momento oportuno?

Espera Paciente

16

Y habiendo esperado con paciencia, alcanzó la promesa.

~ Hebreos 6:15

Noviembre 1805 - Abril 1806

El 10 de noviembre de 1805, la expedición llegó a un sitio para acampar, pero fue incapaz de avanzar o retroceder a causa de un aguacero que les atrapó durante once días. Fue difícil encender fuego. La ropa de cama se humedecía durante la noche. Parecían más los sobrevivientes de un naufragio que los miembros triunfantes del Cuerpo de Exploración. El 22 de noviembre, los vientos aumentaron con tal violencia que levantó inmensas olas sobre las costas y abrumó al equipo explorador. Clark llegó a expresar: "Oh, qué día tan horrible".

Lewis no había podido hacer una anotación en su diario desde septiembre. Los historiadores se preguntan si Lewis estaba experimentando depresión que incluso, causó preocupación en Jefferson. Pudo haber sido que Lewis estaba tan desanimado sobre el informe que tenía que entregar a Jefferson. Los rigores de las caídas del Columbia no hacían sino reforzar la idea que no había ninguna vía de agua fácil en todo el continente. Lewis pudo haber estado desanimado por su retorno, a sabiendas de lo que se necesitaría para volver a casa.

Sea lo que sea que Lewis pudo estar pasando es pura especulación. Pero si él padeció de depresión, lo cual es muy posible, esto era un rasgo especial de heroísmo puesto que él pudo liderar el proyecto bajo cada circunstancia. Esto es todavía más notable cuando él pudo ser un alcohólico que no había bebido licor durante cuatro meses. Él había dejado "el hábito de un día a otro" mientras lideraba una compleja y peligrosa misión a través de una frontera desconocida.

A pesar del silencio de sus diarios, Lewis tuvo una pasión para perseguirlo. El viaje podía ser un fracaso, si él no obtenía los diarios escritos de regreso a Jefferson. La ruta acuática era importante, pero los descubrimientos científicos eran ahora el objeto prioritario de su trabajo. Él obtuvo esa información de regreso a su jefe.

Para el 27 de noviembre, la expedición necesitó armar el campamento de invierno, pero estaban tan inmovilizados a causa del mal tiempo que ellos tuvieron que ser rescatados por los nativos Clatsop. Éstos, les dieron raíces y pescados y les sugirieron lugares para levantar su campamento de invierno. Los capitanes escogieron un lugar basado en tres prioridades. Necesitaban estar cerca para cazar y proveerse de comida, cerca del mar para avistar el paso de un posible barco (para provisiones), y cercanos a un lugar para refinar la sal del océano.

Era normal que los capitanes tomaran las decisiones, pero esta vez ellos permitieron a cada uno participar con un voto. Hasta Sacagawea (una mujer que no era ciudadana), y York (un esclavo) participaron. Esta fue la primera vez que se recuerda en el tiempo de la historia de los Estados Unidos que a una mujer nativa y a un hombre de color se le dio el derecho de voto. El grupo se decidió por una zona boscosa entre el Columbia y el Pacífico y la llamaron Fuerte Clatsop, en honor de sus nuevos vecinos nativos.

El grupo pasó el invierno produciendo sal y ropa nueva, reparando equipos, y recuperándose de sus enfermedades. A lo largo del invierno, llovió constantemente, y su campamento se vio infestado de pulgas. Los hombres se enfermaron constantemente con fiebres y gripe y casi se dan por vencidos. Los capitanes fueron incapaces de hacer pronósticos climáticos debido a la nubosidad constante. En realidad, fue difícil ser paciente. Estaban ansiosos de volver por donde habían venido.

Clark trabajó en sus mapas, conectando la sección previamente desconocida desde Mandan a Clatsop. Este mapa fue una valiosa contribución al conocimiento del mundo aquél. Pero para otros miembros del equipo, el invierno en Clatsop fue increíblemente fastidioso. En la mañana de Navidad, todos intercambiaron regalos como acostumbraban hacerlo lo que únicamente provocó más nostalgia. Ninguna embarcación había llegado trayéndoles suministros. Clatsop llegó a ser más una prisión que un hogar para el invierno.

El entusiasmo llegó a ser escaso. Un día, encalló una ballena en la playa. Sacagawea se entusiasmó con ver el océano, era la primera Shoshon en verlo. La ballena varada proporcionó una valiosa capa de grasa que la expedición pudo utilizar en el comercio en su retorno a casa.

Mientras tanto, los españoles habían oído hablar de la expedición, y temían que el Cuerpo de Exploradores fuera enviado a asaltar sus minas de oro y plata. Así que, los españoles enviaron sus propias expediciones para encontrarlos y detenerlos. Cuatro expediciones fueron enviadas en un período de dos años, pero jamás pudieron conectarse con Lewis y Clark. Jefferson también había enviado otras expediciones a otras áreas del continente, pero ninguna había tenido éxito. Todas regresaron sin completar su misión.

Mientras el grupo se preparaba para partir de Clatsop, para encaminarse de regreso a casa, los capitanes recibieron reportes que el salmón estaba escaso y las tribus estaban hambrientas río arriba. Pero ellos no podrían esperar tanto tiempo y ser alcanzados por otro invierno, antes de llegar a St. Louis. El 7 de abril de 1806, el Cuerpo de Exploración finalmente salió de Clatsop. Comparado con sus abundantes provisiones en Mandan, ellos partieron sin casi nada.

Cuando pasaron el río, continuaron siendo víctimas de una ola desenfrenada de hurtos de parte de algunas tribus. Esto hizo que los ánimos se fueran caldeando. Todo lo que tenían sin vigilancia, desaparecía en un instante. Se asignaron guardias para vigilar el equipaje. Cuando el perro de Lewis fue robado, su enojo reprimido estalló en completa rabia. Él envió un equipo para encontrar al perro y que dispararan a los ladrones si fuera necesario. La partida estuvo al punto de seria violencia. Cayendo en frustración, no solo podía arruinar las relaciones amistosas con las personas con las que estaban molestos, así como colocar la expedición en total peligro. El perro fue encontrado y Lewis se calmó entonces y se reconcilió con el jefe de quienes habían tomado el perro.

A lo largo del camino, más cosas continuaron siendo hurtadas. Después de un número de incidentes, unos nativos fueron encontrados robando, provocando el enojo de Lewis otra vez. Esta vez, Lewis capturó al ladrón, lo arrojó fuera del campamento, y amenazó encender su casa en llamas. Pero antes de tomar tan drástica medida, Lewis se tranquilizó y siguió adelante. La paciencia se estaba agotando.

El 24 de abril, el jefe Yellept de los Wallawalla, dijo a Lewis sobre un acceso directo al punto de llegada y que le ahorría 80 millas (129 kms.) fuera de su ruta normal. Dos jóvenes Wallawalla vinieron al campamento con una trampa de acero, que la expedición había dejado abandonada, un acto de integridad que no se veía en las tribus de ladrones río abajo. La expedición se sintió aliviada de estar de vuelta con los amigos, que fueron descritos como "los pueblos más hospitalarios, honestos y sinceros con quienes hemos tropezado en nuestro viaje". La espera en el fuerte Clatsop había sido agonizante, pero ahora ellos estaban entre amigos y en camino a casa.

Pero conforme se movían, sus problemas no terminaban. El 1 de mayo, el clima fue inclemente y los capitanes dividieron la última porción de comida. No quedaba más para comer. La expedición estaba al borde de la inanición.

✛

PARA MUCHOS, la espera en el fuerte Clatsop había sido la peor parte del viaje. Esperar puede ser una parte terriblemente difícil de la Empresa Heroica. Con una clara visión del Señor, el deseo natural del líder ministerial es la de estar ocupados en la búsqueda de esa visión. Pero a veces la espera requiere, dejar que Dios haga las cosas tras los telones. Si bien las Decisiones Audaces son a menudo la mejor opción, hay muchas ocasiones en que lo más sensato es esperar y dejar que las cosas sigan su curso.

Abraham espero veinticinco años para que su promesa se cumpliera. Él tenía setenta y cinco, cuando Dios le dijo que él podría ser el padre de una gran nación (Gn. 12:1), y cien años cuando nació Isaac. Abraham es el retrato de la Espera Paciente.

Un pastel toma tiempo para ser horneado. Nada hay que pueda acelerar el proceso.

Ester
Así Ester se comprometió acercarse al rey, el primer asunto que hizo fue dedicarse a sí misma durante tres días para orar y ayunar, y solicitó de sus doncellas, amigos y familiares que hicieran lo mismo.

Entonces, cuando ella tuvo la oportunidad para acercarse al rey, ella no se dirigió directamente al problema, sino que invitó al rey y a Amán para un banquete aquel día. En el banquete, el rey percibió que había algo más profundo en la mente de ella e indagó acerca de ello. Ester, una vez más, estuvo dirigida a esperar. Ella invitó al rey a venir a otro banquete el siguiente día, en donde, ella daría a conocer su petición al rey.

Dios usó este tiempo de espera, en manera dramática, para enviar el rescate de los judíos. Esa noche, el rey no podía dormir y ordenó que se leyera un libro de crónicas de su reino. De todas las historias que pudieron ser seleccionadas, la historia de la prevención de un complot de asesinato hecho por Mardoqueo fue escogida. A través de esta lectura, el rey halló que Mardoqueo nunca había sido adecuadamente recompensado por su valeroso servicio.

El rey no sabía nada respecto a la relación familiar con Ester, ni del amargo resentimiento de Amán para con Mardoqueo. Fue por la providencia divina que Amán justamente estuviera allí, ya que el rey estaba dispuesto a alabar a Mardoqueo. El rey dijo: "¿Qué se hará al hombre cuya honra desea el rey?" (Est. 6:6). Pensando que el rey Jerjes se estaba refiriendo a él, Amán respondió con lujo de detalles, incluyendo la colocación de un manto real y una corona, y luego una procesión por la ciudad con anuncios de "Así se hará al varón cuya honra desea el rey" (6:9).

El rey estaba muy contento con las sugerencias, pero Amán quedó sorprendido y humillado ante la noticia de que Mardoqueo sería el destinatario en lugar de Amán. Después que Amán paseó tímidamente a Mardoqueo a través de la ciudad, Amán fue inmediatamente conducido al segundo banquete de Ester.

El rey preguntó nuevamente a Ester sobre la naturaleza de su solicitud. Ahora el tiempo era oportuno. La "paciente espera" de Ester había preparado al rey y a Amán para esta ocasión.

Ester reveló que su pueblo, los judíos, habían sido entregados a destrucción, masacre y aniquilación. El rey se enfureció y preguntó quién podría hacer tal cosa. Ester dijo: "El enemigo y adversario es este malvado Amán" (7:6). Con desesperación, Amán suplicó a Ester por su vida. Pero el rey colgó a Amán en la misma horca que había construido para Mardoqueo. Esperar en el Señor fue la prudente opción elegida. Dios vindicó a Mardoqueo y le dio su merecido a Amán.

Nehemías
Cuando Nehemías escuchó las noticias acerca de la devastación de Jerusalén, él se quebrantó de corazón. Pero él no se precipitó a la acción. Él oró, ayunó, planeó, y esperó la oportunidad para actuar. Esto fue cuatro meses antes de que él tuviera la oportunidad para mencionar algo al rey. Orar es una parte fundamental para la Espera paciente.

Espera diplomática
Jefté fue elegido para juzgar y liberar cuando los amonitas vinieron contra Israel. Antes que entrar rápido en batalla, Jefté estuvo dispuesto a esperar por una solución diplomática. Él escribió al rey amonita, preguntando por la razón de su invasión. Después de recibir la correspondencia, Jefté preparó una respuesta cuidadosa para procurar una solución pacífica. Después de un compás de espera sin respuesta, el Espíritu del Señor vino sobre Jefté, que atacó y asoló el ejército de Amón (Jueces 11:11-33).

La paciencia de Dios

Dios había determinado destruir los habitantes sobre la faz de la tierra, salvando solamente a la familia de Noé. Él estuvo dispuesto a esperar muchos años para que las personas se arrepintieran un día. Él es "tardo para la ira, y grande en misericordia y verdad" (Éx. 34:6). "cuando Dios esperaba con paciencia mientras se construía el arca" (1 Pe. 3:20 NVI).

Jonás permaneció tres días y tres noches en el vientre de un gran pez. Dios usó este evento para traer a Jonás a una disposición para aceptar su misión en Nínive. Este tiempo de espera contribuyó para que Jonás se arrepintiera. Cuando Jonás estuvo listo para obedecer, Dios lo restauró al hacer que el pez lo vomitara en la playa.

El momento oportuno

Jesús escuchó que su amigo Lázaro estaba enfermo, pero él se demoró aún dos días antes de llegar con Lázaro. Cuando Jesús llegó, Lázaro tenía cuatro días de muerto. Fue voluntad del Padre que Lázaro pudiera ser resucitado de entre los muertos en el momento y lugar oportuno. Con sólo dos millas de distancia (3 kms.) a Jerusalén, las noticias pudieron viajar rápidamente a aquellos que esperaban arrestar y asesinar a Jesús. Tan dramático milagro alarmó a los líderes judíos y puso en movimiento los eventos que condujeron a la crucifixión de Jesús (Juan 11:1-48). Jesús estuvo dispuesto a esperar pacientemente el momento estratégico correcto, aún cuando la vida de su estimado amigo estaba de por medio.

Los líderes visionarios pueden encontrar difícil la espera. Sin embargo, aún cuando los planes se demoran es importante desarrollar una "espera paciente", sabiendo que Dios está trabajando tras el telón en la Empresa Heróica.

◇

Preguntas para discusión

1. ¿Por qué fue el invierno en Clatsop (1805-1806) más difícil que el invierno con los Mandan (1804-1805)?
2. ¿Cómo piensa usted que Abraham, Nehemías, Ester y Jefté manejaron su tiempo de espera?
3. Explique ¿por qué la paciencia es importante en mantener un proyecto en marcha?
4. ¿Es usted una persona paciente por naturaleza? ¿Es muy fácil para usted hacer decisiones audaces o muestra la Espera paciente? Proporcione ejemplos.
5. Si usted tuviera que aconsejar a alguien que es impaciente por naturaleza, ¿cómo le podría explicar, cómo ejercitar paciencia en el tiempo apropiado?

Consejo Prudente

Levántate y toma al niño y a su madre, y huye a Egipto, y permanece allí hasta que yo te diga. ~ Mateo 2:13

Mayo - Junio 1806

El 4 de mayo de 1806, después de tres días sin alimentos, la expedición encontró al grupo de los Nez Perce quienes les vendieron algunas raíces para comer, salvándolos de la inanición. Ellos fueron rescatados de la extinción una vez más.

Los nativos los encaminaron de regreso al jefe Pelo Trenzado quien había cuidado sus caballos durante el invierno. Pero la expedición encontró que Pelo Trenzado estaba en guerra con otro jefe tribal. Lewis y Clark se animaron a mediar por una reconciliación pacífica, lo cual redundó en un fortalecimiento de los lazos de confianza y amistad entre los Nez Perce y el Cuerpo de Exploración.

Un año antes, Clark había atendido a un anciano de su rodilla, así que mientras ellos se habían ausentado, la fama de Clark como sanador había crecido entre los Nez Perce. Cuando Clark llegó al pueblo, se sorprendió de su gran demanda como médico entre los afligidos aborígenes. Desde que sus tratamientos térmicos dieron buenos resultados, sus servicios médicos llegaron a ser un medio importante para el comercio de bienes y suministros así como lo habían sido las hachas de guerra entre los Mandan. Los Nerze Perce ofrecieron a los capitanes tantos caballos como ellos necesitaran, los cuales fueron noticias bienvenidas.

Las montañas se cubrieron con nieve, entonces los Nez Perce les aconsejaron realizar la travesía hasta junio. La moral se les vino abajo con estas noticias. Tendrían tres semanas más para esperar, y estaban ansiosos por mantenerse en movimiento. No tenían nada para comer, excepto pescado seco, raíces, y un alce de vez en cuando.

Para elevar la moral, se realizaron torneos atléticos entre los miembros del Cuerpo de Exploración y los nativos Nez Perce. Los espectadores de cada cultura salieron a vitorear. Los exploradores disfrutaron su temporada con la tribu y una genuina amistad se desarrolló entre ellos. Pero la expedición estaba tensa, lista para saltar por encima de las montañas.

La nevada de aquel año cayó más de lo normal y los nativos previnieron que pudiera ser en julio, antes que la expedición pudiera partir. Una salida prematura podría resultar en forzar a los caballos salir sin comida durante tres días. Pero la advertencia de los nativos no retuvo a la partida. El 9 de junio, el grupo estuvo feliz con la expectativa de moverse hacia casa. Apenas antes de que los exploradores salieran, los Nez Perce prometieron enviar guías para encontrarse con ellos montaña arriba, a pesar del hecho que los capitanes no estuvieron siguiendo el consejo de los Nez Perce.

El grupo encontró el mismo sitio donde ellos casi mueren comiendo raíces que les produjeron mucho gas el año anterior. Pero ahora ellos ya se habían acostumbrado a comer las raíces sin ningún incidente. También estaban preocupados, porque los guías Nez Perce no aparecían. Los capitanes decidieron iniciar una larga marcha en vez de esperar. Este era un gran riesgo, pero Lewis sintió la necesidad de mantenerse en movimiento.

En las siguientes cuatro horas, enfrentaron duras condiciones climáticas propias del invierno. Durante seis días se distanciaron de los límites de seguridad, asumiendo que no perderían el camino. En tal caso si se perdían, sus caballos morirían y correrían el riesgo de perder los diarios e instrumentos esenciales para su misión. Los capitanes se dieron cuenta de la insensatez de su decisión y volvieron a buscar un guía, en tanto los caballos se mantuvieran fuertes. El 17 de junio de 1806 por primera vez en la expedición, estaban en retirada, pero por una buena razón.

Habían enviado un pequeño grupo a encontrar a los Nez Perce mientras los demás los esperaban. Al tercer día de espera, exactamente cuando habían decidido proseguir sin el resto, el pequeño grupo regresó con los guías

Con los guías conduciéndoles por el camino, la expedición estaba nuevamente encaminada ya para el 24 de junio. El 27 de junio, llegaron a un lugar elevado, con una vista panorámica de las montañas, que les llenó de asombro, pavor y un gran respeto por los guías. Hubiera sido imposible salir de las condiciones inclementes del clima sin su asistencia. El sendero estaba cubierto por diez pies (3 mts.) de nieve, densamente arbolado, y a menudo lleno de peligros. El caballo de Lewis resbaló y Lewis se deslizó cuarenta pies (12 mts.) hacia el despeñadero hacia una muerte segura, pero se salvó al tiempo que se asió de una rama.

El 30 de junio, ellos llegaron seguros al campamento en un lugar que ellos llamaron *"Traveler Rest"* (Descanso del viajero). Fue un tiempo para decir un triste adiós a sus amigos, los Nez Perce. Fueron los nativos quienes les dieron de comer cuando estaban hambrientos, les dieron combustible cuando tuvieron frío, les dieron caballos y guías, y ofrecieron a los capitanes prudentes consejos. Los dos grupos habían compartido experiencias que les acercaron unos a otros. Los Nez Perce no pudieron ocultar su ansiedad por sus nuevos amigos. Ellos estaban seguros que los nativos de las planicies podían matar a los exploradores antes de que ellos llegaran a casa.

◇

LOS NEZ PERCE llegaron a ser amigos queridos para el Cuerpo de Exploración, lo que causó que los nativos dieran aquella sincera advertencia para preservar sus vidas. Aunque la expedición deseó presionar para seguir adelante, ellos dieron cuenta que los Nez Perce les estuvieron dando, el Consejo Prudente. Fue doloroso escuchar, pero su confianza y su afecto ayudaron a los capitanes a considerar su advertencia. "El ungüento y el perfume alegran el corazón y el cordial consejo del amigo, al hombre" (Pr. 27:9). "Fieles son las heridas del que ama" (Pr. 27:6).

Poner oídos para el Consejo Prudente puede ayudar a lograr la visión. Puede asimismo salvar vidas. La sabiduría y la pasión llegan justo cuando los líderes ponen atención al consejo. "Los pensamientos son frustrados donde no hay consejo" (Pr. 15:22). Considere algunos ejemplos bíblicos donde Dios proveyó Consejo Prudente.

José y María
Un ángel apareció a José en sueños, instruyéndole para viajar con su familia a Egipto hasta recibir noticias (Mt. 2:13-15). Herodes se estaba preparando para asesinar al bebé Jesús. Esta fue la segunda vez que José recibió instrucciones a través de sueños (Mt. 1:20). José había aprendido a confiar en el "consejo prudente" de Dios por medio de sus sueños.

La reconstrucción del Templo
Zorobabel y el pueblo que se le unió para la reconstrucción del Templo, habían caído en tal desánimo, después de cuatro años de persistente oposición, hasta que su trabajo vino a detenerse por completo. Por diez años, el templo quedó inacabado, mientras la gente prosiguió con sus vidas. Entonces Dios envió a dos profetas, Hageo y Zacarías, a aconsejar y animar a Zorobabel.

Hageo dijo: "¿Es para vosotros tiempo, para vosotros, de habitar en vuestras casas artesonadas, y esta casa está desierta?" (Hag. 1:4). "Subid al monte, y traed madera, y reedificad la casa; y pondré en ella mi voluntad, y seré glorificado, ha dicho Jehová" (Hag. 1:8). Se refirió a las condiciones de los cultivos recientes como prueba de que Dios estaba reteniendo la bendición debido a la falta de atención al proyecto del Templo. Zorobabel, Josué y el pueblo obedecieron la Palabra de Dios y reanudaron el trabajo.

Hageo los animó además con el mensaje de Dios: "Pues ahora, Zorobabel, esfuérzate, dice Jehová; esfuérzate también, Josué hijo de Josadac, sumo sacerdote; y cobrad ánimo, pueblo todo de la tierra, dice Jehová, y trabajad; porque yo estoy con vosotros, dice Jehová de los ejércitos. Según el pacto que hice con vosotros cuando salisteis de Egipto, así mi Espíritu estará en medio de vosotros, no temáis" (Hag. 2:4-5). El pueblo estaba emocionado para reanudar la tarea.

Mientras tanto, en el momento en que la reconstrucción inició, los adversarios de Zorobabel reiniciaron su resistencia al proyecto. El gobernador y sus asociados fueron a Zorobabel y le dijeron: "En aquel tiempo vino a ellos Tatnai gobernador del otro lado del río, y Setar-boznai y sus compañeros, y les dijeron así: ¿Quién os ha dado orden para edificar esta casa y levantar estos muros?" (Esd. 5:3-4). Los líderes explicaron que el rey Ciro había dado autorización para reconstruir el templo dieciséis años antes, es decir, antes que el actual rey Darío hubiera tomado el trono.

A pesar de esta oposición, el pueblo siguió construyendo porque "los ojos de Dios estaban sobre los ancianos de los judíos (Esd. 5:5). El gobernador escribió una carta al rey Darío para poner en orden la disputa. Después de recibir la carta, Darío ordenó que el asunto fuera correctamente investigado. Se encontró un rollo que corroboró la historia de Zorobabel, así que Darío emitió un nuevo decreto, dando autorización para reconstruir el templo, financiado por el tesoro real. El gobernador dio órdenes claras de no interferir con el proyecto, en riesgo de una muerte desagradable y violenta.

Zacarías y Hageo continuaron animando al pueblo. Para los que habían visto la gloria del templo anterior, Dios les inspiró, diciendo:

> De aquí a poco yo haré temblar los cielos y la tierra, el mar y la tierra seca; y haré temblar a todas las naciones, y vendrá el Deseado de todas las naciones; y llenaré de gloria esta casa, ha dicho Jehová de los ejércitos. Mía es la plata, y mío es el oro, dice Jehová de los ejércitos. La gloria postrera de esta casa será mayor que la primera.
>
> ~ Hageo 2:6-9

La profecía de Zacarías predijo la conquista del rey Mesías. Habría un día del Señor cuando el Mesías vendría a derrotar a sus enemigos y rescatar a su pueblo. Estas profecías motivaron al pueblo, sabiendo que lo que estaba en juego era más alto que su propia comodidad personal y ambiciones. Ellos fueron parte de la reconstrucción del Templo que el Mesías mismo podría visitar.

Zacarías dijo:

"Alégrate mucho, hija de Sion; da voces de júbilo, hija de Jerusalén; he aquí tu rey vendrá a ti, justo y salvador, humilde, y cabalgando sobre un asno, sobre un pollino hijo de asna".

~ Zacarías 9:9

Finalmente, Dios dio un mensaje personal para Zorobabel. Dios habló a través de Hageo diciendo:

Habla a Zorobabel gobernador de Judá, diciendo: Yo haré temblar los cielos y la tierra; y trastornaré el trono de los reinos, y destruiré la fuerza de los reinos de las naciones; trastornaré los carros y los que en ellos suben, y vendrán abajo los caballos y sus jinetes, cada cual por la espada de su hermano. En aquel día, dice Jehová de los ejércitos, te tomaré, oh Zorobabel hijo de Salatiel, siervo mío, dice Jehová, y te pondré como anillo de sellar; porque yo te escogí, dice Jehová de los ejércitos.

~ Hageo 2:21-23

Dios reveló la participación de Zorobabel en el linaje de Jesús (véase Mt. 1:12), dándole motivación para liderar al pueblo con confianza.

Hageo y Zacarías fueron tremendas fuentes de Consejo Prudente. Sin ellos, el templo pudo no haber sido reconstruido.

Es importante para los líderes atender el Consejo Prudente. Si un líder elige no atender, los resultados pueden ser catastróficos para la Empresa Heroica. "El camino del necio es derecho en su opinión; más el que obedece al consejo es sabio" (Pr. 12:15).

◇

Preguntas para discusión

1. ¿Por qué estuvieron Lewis y Clark dispuestos a escuchar el consejo de los Nez Perce?
2. ¿Qué habría pasado de haber ignorado el consejo de los Nez Perce?
3. ¿Qué papel jugaron Hageo y Zacarías en el plan de Dios?
4. Explique el significado de Proverbios 27:6: "Fieles son las heridas del que ama; pero importunos los besos del que aborrece".
5. ¿Por qué es importante buscar consejería cuando tomamos decisiones sobre nuestro proyecto?

Distracciones Tentadoras

Joás dijo a los sacerdotes: "Todo el dinero consagrado que se suele traer a la casa de Jehová…recíbanlo los sacerdotes… y reparen los portillos del templo dondequiera que se hallen grietas. Pero en el año veintitrés del rey Joás aún no habían reparado los sacerdotes las grietas del templo" ~ 2 Reyes 12:4-6

Junio - Agosto 1806

El 30 de junio de 1806, Lewis y Clark habían escapado a gran parte del peligro y a lo desconocido. Estaban claramente rumbo a casa. En gran parte habían completado su misión, pero los capitanes aún tenían unos pocos objetivos pendientes. Deseaban ofrecerle a Jefferson una óptima ruta terrestre a través del continente. Lewis deseaba explorar la frontera Norte de Louisiana para adquirirla (localizada a 49 grados de latitud). También se esperaba alcanzar un acuerdo comercial con los nativos Pies Negros, con los que no se había reunido en su viaje al oeste. Así que el 3 de julio, los capitanes dividieron la expedición en cinco partes, según el plan que habían ideado durante el invierno en Clatsop.

Lewis seguiría tras el acceso directo de los Nez Perce en las Grandes Cataratas. Tres hombres del grupo de Lewis permanecerían allí para preparar el embarcadero alrededor de las cataratas. Lewis tomaría el resto del grupo para ascender al río Marías por el lado Norte.

Un tercer grupo seguiría adelante con Ordway a la cabeza en el río Jefferson para recoger los suministros que ellos dejaron allí el año anterior, luego se encontrarían con el grupo de Lewis.

Clark tomaría el cuarto grupo, para explorar el río Yellowstone y haría un mapa del área hasta conectarlo con el Missouri. Luego Clark construiría canoas para el viaje en el Missouri, río abajo.

El quinto grupo fue asignado para entregar una carta especial a Hugh Heney, un enviado importante, que probablemente estaba en la Villa Mandan. Lewis creyó que Heney podría influir en los Sioux para aliarse a los americanos en lugar del avance de los británicos.

Por primera vez, estaban dividiendo el grupo para perseguir los diferentes objetivos. Este plan ambicioso era extremadamente complejo. Enormes responsabilidades se dieron a los sargentos y a los soldados. El éxito del plan dependería de la precisión del cronometraje, pocos problemas inesperados, y el desempeño extraordinario del grupo.

Estaban a mil millas (1500 kms.) de algunas avanzadas, y desprovistos de intercambio de materiales. Divididos en cinco grupos vulnerables en las praderas del oeste que estaban plagadas de nativos errantes en grupos en son de guerra. Ellos estaban adentrándose directo al territorio de los Pies Negros, que estaban fuertemente armados con rifles. Algunos de los grupos podrían ser fácilmente derrotados.

El 26 de julio, Lewis flanqueado a cierta distancia por Drouillard y los dos hermanos Shields, vio a través de su telescopio. Él se

194

alarmó al ver a una banda de nativos Pies Negros vigilando a Drouillard a la distancia.

Lewis sigilosamente se dirigió hacia los nativos quienes se sorprendieron al verlo aparecer. Los nativos enviaron sus caballos en círculo frenético, pero un jinete se separó del grupo y se dirigió a toda velocidad hacia Lewis. Lewis desmontó y se quedó esperando al nativo mostrando una postura pacífica.

Desconcertado por la reacción de Lewis, el nativo se detuvo a unas cien yardas (91 mts.) de distancia, volvió a su caballo y retornó a galope con los suyos. El grupo de Lewis, ahora montado, los superaron nueve a cuatro.

Los nativos entonces salieron y se reunieron con el grupo de Lewis, se estrecharon las manos y fumaron la pipa de la paz. Lewis descubrió que había un puesto británico de avanzada a sólo seis días de distancia, los británicos se habían atrincherado firmemente en esa zona, y fueron rápidamente hacia el sur. Todo esto confirmó los temores de Jefferson sobre la expansión de la influencia británica en la región.

Lewis intentó llegar a un mejor acuerdo con los Pies Negros. Les habló sobre su promesa de venderles rifles a los Nez Perce y a los Shoshon. Este fue un error político terrible, ya que los Pies Negros eran archienemigos de los Nez Perce y de los Shoshon. Después de veinte años de ser el agresor dominante en la región, los Pies Negros ahora tendrían que lidiar con sus enemigos en igualdad de condiciones armamentistas, los Shoshon.

A la mañana siguiente, Lewis despertó al ruido de Drouillard disparando, porque su rifle había sido robado. Lewis trató de alcanzar su escopeta y se perdió también. Jalando su pistola desde su funda, él vio un nativo corriendo con su rifle. Lewis corrió hacia él, ordenándole rendirse o le dispararía. Los hombres de Lewis recogieron sus rifles, pero antes mataron al Pie Negro que se había resistido.

Los nativos fueron cayendo atrás, al tiempo que intentaron dispersar los caballos de Lewis, que dejaría al grupo, sin remedio. Los hombres previnieron esto y dieron persecución a los nativos. Un nativo disparó a Lewis, quien sintió la bala rosar sobre su cabeza. Él disparó a las espaldas de los Pies Negros, hiriendo a uno de ellos. Lewis decidió dar marcha atrás antes que los refuerzos de los Pies Negros llegaran.

Con sus vidas en peligro, rápidamente el grupo de Lewis, montaron en sus caballos y galoparon lejos, sin parar hasta las 2 a.m. Después de dormir unas pocas horas, estuvieron en su rumbo otra vez. Cuando se encontraron con el grupo de Ordway, rápidamente expusieron la necesidad para apresurarse, metieron sus maletas en las canoas y soltaron los caballos.

El grupo de Lewis alcanzó los suministros que habían escondido el año anterior. Algunas cosas ya se habían podrido hacía mucho, pero lo demás estaba en buen estado.

Durante su retirada, Lewis supo la historia completa. Shields se había quedado dormido durante la guardia de ley, en el peor momento posible, antes del amanecer. Esto dio una oportunidad tentadora a los Pies Negros. Era inexcusable dejar a un lado el rifle mientras se estaba en guardia, especialmente mientras acampábamos, con potenciales enemigos de combate. Uno podría pensar que después de dos años en el desierto esta clase de errores podría haber sido evitado.

Lewis hizo lo correcto al hacer esfuerzos por obtener rifles y caballos de vuelta, pero perseguir a los Pies Negros en su retirada fue un error que podría haber sido fatal. Él dejó el campamento inseguro y se expuso el mismo a un daño innecesario.

Pocos días después, el 11 de agosto, Lewis y el soldado Cruzatte fueron a cazar alces a los sauces. Cuando Lewis levantó su rifle para disparar, fue golpeado por atrás por un disparo de fusil, el cual le hizo girar. Lewis le gritó a Cruzatte, pero no obtuvo respuesta, así que Lewis supuso que era un ataque de los nativos. En un esfuerzo por reunir a los hombres, Lewis corrió cien yardas (91 mts.) hacia el barco y los llamó a las armas. Después de luchar para entrar en el barco, esperó con suspenso terrible por el resto del grupo para regresar. Finalmente, después de veinte minutos, el grupo llegó. Cuando la bala fue removida de la parte de atrás de Lewis, ésta era una bala del ejército, demostrando que Cruzatte era el tirador. Lewis ordenó a los hombres seguir adelante, con su comandante tumbado boca abajo en el barco, con dolor y humillación.

❖

EN TANTO QUE SUS motivos fueron correctos, Lewis y Clark cometieron un error al dividir a la expedición. En su intento por encontrar la mejor ruta a través del continente, pusieron la misión entera en riesgo. Se distrajeron de su objetivo principal. Estaban tratando de lograr demasiado. En vez de eso, necesitaban estar enfocados en sus prioridades. Los líderes en el ministerio están asimismo propensos a perder el enfoque.

Abraham

Las Distracciones Tentadoras pueden venir en forma de prueba para realizar el trabajo de Dios a la manera humana. Mientras Abraham mostró gran paciencia durante veinticinco años, esperando por la promesa para que se cumpliera, él tuvo un error, y tuvo un hijo llamado Ismael por medio de la sierva de Sara, Agar. Abraham estaba tratando de cumplir la promesa de Dios a su propia manera. Aunque sus propios motivos fueron correctos, esto fue una mala idea que tuvo largas implicaciones.

Con el tiempo, cuando nació Isaac, Ismael pasó "de ser hijo de la promesa" a un ciudadano de segunda clase. Cuando mostró resentimiento hacia Isaac (Gn. 21:9). Sara exigió su destierro. Abraham consintió, y fue solamente por la intervención de Dios que Ismael y Agar sobrevivieron. La amargura de este rechazo debió afectarles. Décadas más tarde, los ismaelitas fueron los que compraron a José y lo vendieron como esclavo a Egipto (Éx. 37:27), y la descendencia de Ismael continuó siendo hostil a Dios y a su pueblo (Sal. 83:6).

Sansón

Sansón estaba fácilmente distraído de sus responsabilidades. Si bien él fue apartado desde su nacimiento como un nazareo, asignado para "iniciar la salvación de Israel de las manos de los filisteos" (Jc. 13:5), él continuamente confió en la gente incorrecta y se dejó llevar más por el placer que por la obediencia a su misión. Irónicamente, su voto nazareo requería abstenerse de alcohol, pero todavía así él vivió una vida temeraria e indulgente.

Sansón hizo una apuesta tonta con sus familiares políticos filisteos, sobre un enigma que él los desafió a resolver. Su esposa fácilmente lo engatusó para obtener la respuesta al enigma. Después visitó a una prostituta que lo dejó vulnerable a la captura del enemigo. Después de esto, vivió con otra filistea, Dalila, quien terminó siendo una espía de sus enemigos. Aunque Sansón desperdició claramente su gran talento en bromas y decisiones tontas, Dios lo usó para cumplir su misión. A pesar de caer en "distracciones tentadoras" en muchas ocasiones, Sansón mostró suficiente fidelidad para ser incluido en el "Salón de la Fe" (Heb. 11:32). La vida de Sansón es un ejemplo para evitar "distracciones tentadoras", pero nunca desanimarse por el fracaso al punto de darse por vencido.

Joás

El rey Joás instruyó a sus sacerdotes diciendo: "...recíbanlo los sacerdotes, cada uno de mano de sus familiares, y reparen los portillos del templo dondequiera que se hallen grietas" (2 Re. 12:5). Pero veintitrés años pasaron y los sacerdotes aún no habían hecho la obra que se les había encomendado. Cuando el rey Joás se enteró, llamó a los sacerdotes y les hizo terminar el proyecto.

Joás les dio la tarea, pero se distrajo y nunca supervisó el trabajo. Es fácil quedar atrapado en actividades buenas y olvidarse de proporcionar supervisión sobre las responsabilidades de otros. Un buen líder delega las tareas con seguridad y es cuidadoso en que se lleven a cabo de una manera adecuada.

Jesús

Jesús fue hábil para cuidar sus prioridades en orden, cuando se enfrentó con las distracciones. Mientras estaba en Capernaum, él estuvo experimentando frutos en su ministerio. En la sinagoga, enseñó con maravillosa efectividad y sanó a una persona poseída por un demonio. En camino a casa de la sinagoga, Él fue a la casa de la suegra de Pedro y la sanó de una fiebre.

Cuando llegó la noche, luego que el sol se puso, le trajeron todos los que tenían enfermedades, y a los endemoniados; y toda la ciudad se agolpó a la puerta. Y sanó a muchos que estaban enfermos de diversas enfermedades, y echó fuera muchos demonios; y no dejaba hablar a los demonios, porque le conocían.

~ Marcos 1:32-34

La mañana siguiente Jesús salió a orar y Pedro estuvo buscándolo. Durante el momento de oración, el Padre debió haber guiado a Jesús para avanzar, a pesar de la respuesta satisfactoria en Capernaum, porque Jesús dijo a Pedro, "Vamos a los lugares vecinos, para que predique también allí; porque para esto he venido" (Mc. 1:38).

Jesús cuidó sus prioridades correctas y se movió al próximo lugar. Aún los acontecimientos exitosos no podían distraerlo de su Empresa Heroica.

Los líderes pueden perder el enfoque y caer víctimas de "Distracciones Tentadoras". Es fácil caer abrumado por las necesidades. Cuando Dios da una visión, los líderes del proyecto deben mantener un enfoque disciplinado sobre la visión a fin de concluir la Empresa Heroica.

❖

Preguntas para discusión

1. ¿En qué maneras fueron Lewis y Clark distraídos de sus prioridades?
2. ¿Cómo cayó Abraham en las "distracciones tentadoras"? ¿Qué decir de Sansón y de Joás?
3. ¿Cómo ha visto usted caer a la gente en distracciones similares?
4. ¿Cómo se mantuvo Jesús enfocado en sus prioridades?
5. ¿Cómo puede usted reconocer una "distracción tentadora"? ¿Cuál es la diferencia entre una distracción y una oportunidad?

Celebración de Victoria

Volvieron los setenta con gozo, diciendo: Señor, aun los demonios se nos sujetan en tu nombre. ~ Lucas 10:17

Agosto - Septiembre 1806

El 12 de agosto de 1806, el día después que él fuera baleado por detrás, Lewis se reunió con el equipo de Clark, el cual había navegado por el río sin incidentes. La alegría de su reencuentro fue afectada por la condición de Lewis. Pero el 14 de agosto ellos regresaron con sus amigos, los Mandan, quienes estuvieron extremadamente contentos de ver a los exploradores vivos.

Lewis estuvo desilusionado de escuchar que el grupo de Pryor no había llegado a la aldea Mandan a tiempo para entregar la carta de Lewis a Hugh Heney. Esto perjudicó las oportunidades diplomáticas con los nativos, un objetivo prioritario de la expedición. La carta de Lewis pedía a Heney preparar un viaje del jefe Sioux para reunirse con Jefferson en Washington, D. C. El plan de traer a los Sioux dentro del círculo de amistades norteamericanas había fracasado. Lewis tenía la hostilidad de los Pies Negros a sus espaldas y a los temidos Sioux al frente.

Mientras que los capitanes se habían ido, el tratado de paz que ellos previamente habían arreglado entre los Mandan y los Arikara se había roto. Lewis y Clark no habían conseguido ninguna influencia en tal tratado entre los nativos de las llanuras.

El 18 de agosto, salieron de la villa de los Mandan, después de remunerar a Charbonneau y reconocer a Sacagawea por su servicio extraordinario. Ella había participado en una asombrosa jornada transcontinental cargando a un recién nacido. Los capitanes dijeron a Charbonneau: "Su esposa, quien le acompañó a lo largo de una peligrosa y exhaustiva ruta hacia el Océano Pacífico, regresó, se merece una mayor recompensa, por su atención y servicio sobre la ruta de lo que nosotros tenemos en nuestro poder otorgarle".

Clark se había vuelto tan apegado a su hijo recién nacido, *Pomp*, que Clark se ofreció a adoptarlo como propio. Años más tarde, Charbonneau envió a *Pomp* a vivir con Clark para recibir una educación. Después de eso, *Pomp* viajó por Europa antes de convertirse en un explorador occidental en su propio derecho.

Fue así como la expedición se apresuró bajando el Missouri, Lewis se recuperó de su herida causada por el arma de fuego. Entraron al territorio Sioux a fines de agosto y encontraron nueve guerreros en la ribera que hicieron señales para que el grupo viniera a la orilla. Clark asumió que eran los Tetón que dieron algunos problemas en 1804.

Una de las canoas de la expedición se retrasó, entonces los capitanes buscaron la orilla para que la canoa pudiera alcanzarlos. Al desembarcar, escucharon disparos y pensaron que la otra canoa estaba bajo ataque. Lewis bajó cojeando de su bote y formó a los hombres en una línea defensiva. No lejos, atrás la canoa venía segura en el recodo del río.

Los nativos no eran los hostiles Tetón, pero sí eran los Yankton Sioux, la tribu amistosa que ellos habían conocido en 1804. De hecho, uno de los jefes Yankton había viajado a Washington para reunirse con el presidente Jefferson, mientras que la expedición se dirigía hacia el Oeste. El disparo que escucharon había sido de un Yankton quien tomaba prácticas de tiro.

Con gran parte del peligro detrás de ellos, los hombres estaban pensando más en su casa. Estaban ansiosos de noticias. Una elección presidencial había tenido lugar, pero ellos no sabían el resultado. Por lo que sabían, el país podía estar en guerra con otro país. En la vida real se habían convertido en "*Rip van Winkles*" (un cuento corto del autor Washington Irving, que aparte del cuento se refiere a alguien que sin explicación alguna no está al tanto de lo que ha sucedido).

Aprovecharon para visitar la tumba del sargento Floyd en el Despeñadero Floyd (cerca de la actual Sioux City de Iowa). El 6 de septiembre, se encontraron con un barco mercante y consiguieron su primer whisky desde el 4 de julio de 1805. Con cada día que pasaba, se reunían con mayor número de operadores, obteniendo más noticias. El país estaba profundamente preocupado por ellos y los rumores eran abundantes sobre sus condiciones. Algunos sostenían que el Cuerpo de Exploración había sido asesinado, en tanto que otros decían que habían sido capturados por los españoles y se encontraban trabajando como esclavos en sus minas de oro y plata.

Cuando estuvieron a unas 150 millas (241 kms.) de St. Louis, se quedaron completamente sin provisiones y bienes comerciables. Todo lo que habían dejado fue su ropa a sus espaldas, sus rifles y municiones, su recipiente de cocción, sus instrumentos científicos y sus preciosos diarios. El 20 de septiembre, la vista de una vaca en una ladera provocó gritos espontáneos de alegría.

Cuando llegaron a San Charles, la villa desde la cual habían partido, los hombres solicitaron permiso para dar gritos de alegría. Saludaron con disparos de cañón. Sus tres disparos fueron respondidos también con tres disparos desde los botes en la orilla.

Los habitantes salieron de prisa para saludarlos, habiendo creído que estaban perdidos. Vino una celebración que tardaría varios días. Lewis inmediatamente continuó a St. Louis, para enviar su reporte al presidente Jefferson.

Como Lewis remó sobre el Mississippi, encontró un profundo sentido de satisfacción en la finalización de su épico viaje. Él había tomado un grupo multicultural de treinta soldados y guías indisciplinados, moldeándolos en el Cuerpo de Exploración. Llegaron a ser un grupo duro, fuerte, un grupo compacto de hombres bien disciplinados (y una mujer adolescente con su hijo). Cubriendo ocho mil millas (12,875 kms), él trajo de regreso a los exploradores con seguridad, excepto por un hombre que murió por causas más allá de su propio control.

Su pasión por la misión nunca decayó. En los momentos críticos, él hizo principalmente decisiones sabias. Él había encontrado la ruta más directa que recorría el continente, tal y como Jefferson había ordenado. Había obtenido datos científicos de gran valor en detalle, agregando 178 nuevas especies de plantas para el mundo científico conocido. Contra todos los pronósticos, trajo los especímenes y diarios bien resguardados, incluyendo una marmota viva de las praderas.

Lo que era previamente un mapa en blanco en parte, ahora el mapa de Norte América estaba bien marcado, lleno.

Esta expedición experimentó grandes aventuras, tremendas montañas, terribles acarreos, rápidos turbulentos, y desvíos descorazonadores. Tuvo conflictos con sus hombres y conflictos con los nativos. Enfrentó toda clase de desafíos físicos incluyendo frío extremo, mosquitos, enfermedad, heridas de bala y flatulencias a causa de raíces. Resistió el sueño y el tedio en Clatsop y el miedo terrible a las caídas en el río Columbia. Él había visto una gran variedad de animales, arboles, ríos, cañones, acantilados y tribus aborígenes que ningún otro hombre había visto hasta entonces. Todo ocurrió bajo la nube de una aparente depresión clínica.

A medida que se detuvo a la orilla de St. Louis, su mente se desvió de su empresa heroica. Llegó el momento de informar a su jefe. Le gritó a alguien en la playa, "¿cuándo se entrega el próximo correo en St. Louis?"

Lewis leyó el informe:

De conformidad con sus órdenes hemos entrado al
continente de Norte América hasta el Océano Pacífico y
explorado suficientemente el interior del país hasta
afirmar con confianza que hemos descubierto la ruta
más viable que existe en todo el continente.

Jefferson recibió el informe con orgullo, diciendo:

De coraje indomable, poseedor de una firmeza y
perseverancia de propósitos que nada más que lo
imposible podría desviarlo de su dirección, cuidadoso
como un padre de los cometidos de este cargo, pero
constante en el mantenimiento del orden y la disciplina,
yo no tuve vacilación en confiarle la empresa.

La Empresa Heroica había venido a completarse con éxito.

◈

AUNQUE SE PIENSE QUE algunos aspectos de la
Expedición de Lewis y Clark no fueron totalmente
exitosos, tales como los intentos para establecer la paz
entre los nativos, hubo mucho más para sentirse satisfecho
de ello. Fue un increíble logro.

Reportando el regreso

Un aspecto significativo de la conclusión de un proyecto es
el reporte a aquellos quienes están interesados en los
resultados, especialmente los líderes del proyecto. Lo
primero que hizo Lewis fue reportar el regreso a Jefferson,

la persona que Lewis estuvo representando, el autor de la visión.

De la misma manera, la Biblia habla acerca de los líderes quienes reportaron el regreso. Cuando Pablo regresó a Jerusalén después de su tercer viaje misionero, él fue a ver a Santiago y a los otros dirigentes de la iglesia, "a los cuales, después de haberles saludado, les contó una por una las cosas que Dios había hecho entre los gentiles por su ministerio. Cuando ellos lo oyeron, glorificaron a Dios" (Hch. 21:19-20).

Después que Jesús envió a los setenta y dos a predicar las Buenas Nuevas a los habitantes de los pueblos, ellos regresaron para reportar exitosamente a Jesús, "Señor, aun los demonios se nos sujetan en tu nombre" (Lc. 10:17).

La bendición de los nuevos amigos

El Cuerpo de Exploración desarrolló lazos de amistad que nunca olvidarían. De la misma manera, Pablo en sus viajes misioneros hizo discípulos entre los gentiles a través de toda Asia y Europa, cumpliendo la misión que Jesús le había entregado. Las personas que conoció en el camino no fueron sólo "los proyectos". Ellos llegaron a ser amigos apreciados. Él llamó a los filipenses su "gozo y corona" (Fil. 4:1). A los tesalonicenses les dijo: "Porque ¿cuál es nuestra esperanza, o gozo, o corona de que me gloríe? ¿No lo sois vosotros, delante de nuestro Señor Jesucristo, en su venida? Vosotros sois nuestra gloria y gozo" (1 Tes. 2:19-20). El placer de la Empresa Heroica incluye no solamente la conclusión del proyecto, sino la bendición de tener nuevos amigos.

¿Qué esperar?

En la Empresa Heroica muchas cosas son inciertas, pero algunas cosas permanecen constantes. El Dios que estuvo con Moisés, Nehemías, Pablo y Ester está también con su pueblo hoy. Él aún interviene en los proyectos de hombres y mujeres como lo experimenta el Equipo Comprometido, las Complicaciones Internas, la Feroz Oposición, las Adversidades Redentoras, el Sufrimiento Personal, El Desánimo Persistente, el Consejo Prudente, las Distracciones Tentadoras, la Visión Muerta y luego la Visión Renovada.

Dios ama la celebración

Cuando un líder ha finalizado muy bien, "fiel a la visión", es la oportunidad para celebrar apreciando a aquellos quienes ayudaron a lo largo de la jornada. Pablo pudo decir, al final de su vida "He peleado la buena batalla, he acabado la carrera, he guardado la fe" (2 Ti. 4:7).

Dios instruyó a Moisés para recordar los eventos del Éxodo celebrando la Pascua cada año:

> Y este día os será en memoria, y lo celebraréis como fiesta solemne para Jehová durante vuestras generaciones; por estatuto perpetuo lo celebraréis. Y guardaréis la fiesta de los panes sin levadura, porque en este mismo día saqué vuestras

huestes de la tierra de Egipto; por tanto, guardaréis este mandamiento en vuestras generaciones por costumbre perpetua.

~ Éxodo 12:14, 17

Purim

Cuando Amán decidió exterminar a los judíos, él echó suerte (llamado *"pur"*), para determinar el día oportuno para llevar a cabo el genocidio. La fiesta de *"Purim"* es aún celebrada hoy, en recuerdo de la liberación de Dios a través de Ester. Mardoqueo envió cartas a todos los judíos para celebrar el *Purim*:

. . . como los días en que los judíos tuvieron paz de sus enemigos, y como el mes que de tristeza se les cambió en alegría, y de luto en día bueno; que los hiciesen días de banquete y de gozo, y para enviar porciones cada uno a su vecino, y dádivas a los pobres.

~ Ester 9:22

Nehemías

Nehemías reconstruyó los muros de Jerusalén en sólo cincuenta y dos días, después de mucha oposición. Los enemigos de Nehemías "temieron... y se sintieron humillados, y conocieron que por nuestro Dios había sido hecha esta obra" (Neh. 6:16).

Después que el proyecto fue completado, los sacerdotes y levitas, guardias, cantores y siervos del Templo se establecieron en sus pueblos. Entonces Nehemías invitó a todos a volver, organizando una celebración formal que juntó al pueblo en arrepentimiento y celebración. Esdras leyó la Ley de Moisés mientras que el pueblo escuchó atentamente, llorando al escuchar la Palabra. Los levitas instruían al pueblo acerca de su significado para que el pueblo pudiera entender.

Luego Nehemías dijo a la asamblea:

"Id, comed grosuras, y bebed vino dulce, y enviad porciones a los que no tienen nada preparado; porque día santo es a nuestro Señor; no os entristezcáis, porque el gozo de Jehová es vuestra fuerza".

~ Nehemías 8:10

Al día siguiente, el pueblo actuó según la Palabra de Dios instruía sobre la Fiesta de los Tabernáculos. Dios había ordenado, por intermedio de Moisés, recordar el escape de los judíos de los egipcios, cuando ellos vivieron en refugios temporales o tabernáculos. De ese modo el pueblo trajo ramas de olivo, mirto, palma y otros árboles que dieran sombra, para construir enramadas. Ellos con regocijo continuaron la fiesta por siete días, mientras Esdras continuaba leyendo el Libro de la Ley de Dios (Neh. 8:13-17).

Ezequías

El rey Ezequías purificó el templo después de su nefasto padre, el rey Acaz, quien había cerrado las puertas años antes (2 Cró. 28:24-29:19). Ezequías instruyó a los levitas para restablecer la adoración correcta en el templo limpiando todas las cosas inmundas, lo cual tomó solamente dieciséis días. "Y se alegró Ezequías con todo el pueblo, de que Dios hubiese preparado el pueblo; porque la cosa fue hecha rápidamente" (2 Cró. 29:36). Ezequías invitó a todo Israel para una celebración de Pascua en el templo renovado.

Cuando los mensajeros proclamaron la invitación del rey al pueblo, tropezaron con menosprecio y burla. Pero cuando llegó el tiempo para la Pascua, una gran asamblea vino a celebrar con júbilo y cantos. Estaba tan bien que decidieron extender la celebración siete días más. El rey Ezequías y sus oficiales ofrendaron dos mil toros, y diecisiete mil ovejas y cabras para el sacrificio. Nada había sido así desde los días de Salomón, doscientos cincuenta años antes.

Cuando terminaron, la gente salió a las localidades más alejadas, rompieron las piedras sagradas, destruyeron las imágenes de Asera, los lugares altos y los altares de toda el área.

Josué

Mientras Josué estaba preparando el lanzamiento de su campaña para conquistar la Tierra Prometida, Dios ordenó una de las más grandes celebraciones que se puedan registrar en la Biblia. En tanto que los israelitas se reunían alrededor del Jordán, Josué dio un discurso sobre cómo Dios los conduciría a través de aquella tierra inhóspita. Instruyó a los sacerdotes a entrar con el Arca al río y, aunque estaba en temporada de inundación, Josué les prometió que el río se detendría en el momento de su ingreso. Así ocurrió, tan pronto como los sacerdotes tocaron el agua, el Jordán se detuvo, permitiendo a toda la nación cruzar hacia Jericó, en Gilgal.

Cuando ellos terminaron de pasar, Josué nombró a doce hombres, uno por cada tribu, para apilar doce piedras del Jordán para que fuesen "señal entre vosotros" (Jos. 4:6). Estas piedras vinieron a ser "de monumento conmemorativo a los hijos de Israel para siempre" (4:7). ¡Después de muchas décadas de peregrinaje en el desierto, finalmente llegaron a "la Tierra Prometida"!

Salomón

Cuando Salomón concluyó la construcción del Templo, invitó a toda la nación a ver el Arca entrar al lugar Santísimo. Un coro de grandes proporciones, acompañado por ciento veinte trompetas, címbalos, arpas y liras, se acoplaron en alabanzas al Señor, diciendo: "Porque él es bueno, porque su misericordia es para siempre" (2 Cró. 5:13). El templo se llenó con una nube, mostrando la gloria del Señor.

Salomón pronunció una oración de dedicación por el templo. Cuando él terminó, fuego cayó del cielo y consumió los sacrificios, haciendo que el pueblo se arrodillara, sus rostros al suelo, dando gracias al Señor y adorándole. El rey y todo el pueblo ofrecieron sacrificios totalizando veintidós mil cabezas de ganado vacuno, y veintidós mil ovejas y cabras. El festival duró quince días, y luego Salomón "envió al pueblo a sus hogares, alegres y gozosos de corazón por los beneficios que Jehová había hecho a David y a Salomón, y a su pueblo Israel" (2 Cró. 7:10).

Zorobabel

Después de muchos años de trabajo duro, desaliento, errores en el trabajo y reiniciando el trabajo, Zorobabel al fin concluyó la construcción del templo. Entonces el pueblo realizó una celebración con gran gozo. Ellos ofrecieron sacrificios e instalaron a los sacerdotes para el servicio, conforme al Libro de Moisés. El siguiente mes, tuvieron la oportunidad de celebrar la Pascua, en el templo recién construido.

> Y celebraron con regocijo la fiesta solemne de los panes sin levadura siete días, por cuanto Jehová los había alegrado, y había vuelto el corazón del rey de Asiria hacia ellos, para fortalecer sus manos en la obra de la casa de Dios, del Dios de Israel.
> ~ Esdras 6:22

La celebración final

Mientras los líderes se enfrentan a cada obstáculo, su pasión los mantiene hacia adelante y la sabiduría les ayuda a tomar buenas decisiones. A pesar de tanta adversidad, es un privilegio representar al Dios vivo, manteniendo la vista en ese día final, cuando el Señor Jesucristo, reciba la gloria que se merece.

La más grande celebración de todo está por llegar, en el Banquete de las Bodas del Cordero:

Después de esto miré, y he aquí una gran multitud,
la cual nadie podía contar, de todas naciones y
tribus y pueblos y lenguas, que estaban delante del
trono y en la presencia del Cordero, vestidos de
ropas blancas, y con palmas en las manos; y
clamaban a gran voz, diciendo: "La salvación
pertenece a nuestro Dios que está sentado en el
trono, y al Cordero".

~ Apocalipsis 7:9-10

Y oí como la voz de una gran multitud, como el
estruendo de muchas aguas, y como la voz de
grandes truenos, que decía: ¡Aleluya, porque el
Señor nuestro Dios Todopoderoso reina!
Gocémonos y alegrémonos y démosle gloria;
porque han llegado las bodas del Cordero, y su
esposa se ha preparado.

~ Apocalipsis 19:6-7

¡Cuando Él venga, será el gran tiempo de Celebrar Victoria
en la historia![1] Ven pronto, Señor Jesús.

◇

Preguntas para discusión

1. Lewis representó los intereses de Jefferson en la misión.
   ¿Cómo representa usted los intereses de Dios en su
   ministerio?

2. Describa como se hubiera sentido, si usted hubiera sido Lewis y hubiera venido a St. Charles con su misión cumplida.

3. ¿Cómo mostró Dios su gusto por la celebración cuando los proyectos fueron completados?

4. ¿Cómo los líderes de proyectos de la Biblia experimentaron nuevas amistades, al llevar a cabo su tarea asignada por Dios? Además, de las nuevas amistades, ¿qué otras bendiciones recibieron ellos directamente por su obediencia?

5. Repase los títulos de cada capítulo, ¿qué tópicos podrían llegar a ser de más ayuda para su Empresa Heroica?

E p í l o g o

DIOS HA estado dirigiendo gente a comenzar nuevos ministerios y proyectos a través de la historia bíblica. Aun cuando Dios estuvo con su pueblo conduciendo estos proyectos, cada uno enfrentó dificultades a lo largo del camino. Así como la expedición de Lewis y Clark, ellos enfrentaron triunfos y penalidades, pero mostraron valor al final.

Al comienzo de la Empresa Heroica, el Pueblo de Dios tuvo un Contexto Obligatorio que los condujo a una Visión Ardiente y a un Llamado Personal. A medida que ellos hicieron sus Preparativos Vitales, Dios les proveyó un Equipo Comprometido.

Conforme se llevaba a cabo su proyecto, enfrentaron Complicaciones Internas, Oposición Fuerte, Contratiempos Redentores y Sufrimientos Dolorosos. En respuesta, los líderes del proyecto de Dios modelaron confianza en sus mandamientos e hicieron Ajustes Creativos.

A pesar de un buen liderazgo y fidelidad, muchos experimentaron una Visión Muerta pero perseveraron hasta encontrar una Visión Renovada.

Después de perseverar, a menudo les siguieron, empujando hacia adelante, tomando Decisiones Audaces y sufriendo a través de una Espera Paciente. Ellos atendieron Consejos Prudentes y rechazaron las Distracciones Tentadoras, hasta que finalmente fueron capaces de experimentar el gozo de Celebrar la Victoria.

Así como otros antes que usted, Dios está a la vanguardia en una visión que Él desea traer a la realidad. Él desea encender la chispa que parpadea en usted.

Las referencias que siguen están diseñadas para proporcionarle herramientas concretas, y prácticas para ayudarle a implementar *La Empresa Heroica* que Dios tiene para su ministerio.

Referencias

¿Qué es la sabiduría?

Dios es un Dios con un propósito

El Dios a quien nosotros servimos es un Dios de orden y propósitos. Él tiene un Plan Divino que cumple su Santo Propósito: el derrocamiento del reino de las tinieblas a través del Señor Jesucristo. Dios está moviendo la Historia en una dirección específica, hacia la realización de su plan. El propósito de Dios es el enfoque central de las Escrituras, el enfoque central de la historia y el enfoque central de nuestras vidas personales también. Su deseo para nosotros es que nos unamos a Sus planes:

> Por tanto, id, y haced discípulos a todas las naciones, bautizándolos en el nombre del Padre, y del Hijo, y del Espíritu Santo.
>
> ~ Mateo 28:19

> Pero recibiréis poder, cuando haya venido sobre vosotros el Espíritu Santo, y me seréis testigos en Jerusalén, en toda Judea, en Samaria, y hasta lo último de la tierra.
>
> ~ Hechos 1:8

> Y será predicado este evangelio del reino en todo el mundo, para testimonio a todas las naciones; y entonces vendrá el fin.
>
> ~ Mateo 24:14

¡Qué tan dramática misión! Predicar a todas las naciones y entonces vendrá el fin. Nosotros debemos participar en esa misión, como mayordomos de su eterno y santo plan. Él desea que nosotros seamos fieles, pero más que eso, su deseo es que nosotros seamos fructíferos. "En esto es glorificado mi Padre, en que llevéis mucho fruto, y seáis así mis discípulos" (Jn. 15:8).

Cómo llevar a cabo el propósito divino

¿Cómo pueden los propósitos de Dios convertirse en realidad? El cumplimiento del propósito divino requiere sabiduría. La verdadera sabiduría no se encuentra en el salón de la clase teórica, o en la cumbre de una montaña solitaria, sino en el proceso de entablar batalla con el enemigo. La sabiduría está descubierta y aplicada en medio de la lucha del ministerio (Ef. 6:11-18).

Los líderes continuamente encaran decisiones difíciles, información chocante, e implicaciones inciertas. Existen principios bíblicos para ayudar a los líderes a tomar decisiones, pero a veces los principios pueden parecer como que están en oposición el uno con el otro. Por ejemplo, se nos dice tener fe, pero a la vez ser prudentes. La sabiduría es necesaria para aplicar la verdad bíblica en cada situación.

Sabiduría es elegir qué es mejor
entre verdades igualmente viables.

Sabiduría es la comprensión que existe peligro en uno u otro lado. Usted puede ir demasiado lejos a la derecha o demasiado lejos a la izquierda. Usted puede estar abierto a cambiar cuando usted podría estar firme. Usted puede mantenerse firme cuando en realidad debe abrirse al cambio.

Este es el punto de Eclesiastés. Por ejemplo:

Todo tiene su tiempo, y todo lo que se quiere debajo del cielo tiene su hora. Tiempo de nacer, y tiempo de morir; tiempo de plantar, y tiempo de arrancar lo plantado; tiempo de matar, y tiempo de curar; tiempo de destruir, y tiempo de edificar; tiempo de llorar, y tiempo de reír; tiempo de endechar, y tiempo de bailar; tiempo de esparcir piedras, y tiempo de juntar piedras; tiempo de abrazar, y tiempo de abstenerse de abrazar; tiempo de buscar, y tiempo de perder; tiempo de guardar, y tiempo de desechar; tiempo de romper, y tiempo de coser; tiempo de callar, y tiempo de hablar; tiempo de amar, y tiempo de aborrecer; tiempo de guerra, y tiempo de paz.

~ Eclesiastés 3:1-8

Sabiduría es la habilidad para decidir qué es lo mejor para una determinada situación. Aprender a escuchar a Dios, crecer en su capacidad de detectar su dirección, es la clave para la sabiduría.

Mirad, pues, con diligencia cómo andéis, no como necios sino como sabios, aprovechando bien el tiempo, porque los días son malos. Por tanto, no seáis insensatos, sino entendidos de cuál sea la voluntad del Señor.

~ Efesios 5:15-17

Con sabiduría se edificará la casa, Y con prudencia se afirmará; y con ciencia se llenarán las cámaras, De todo bien preciado y agradable. El hombre sabio es fuerte, y de pujante vigor el hombre docto. Porque con ingenio harás la guerra, y en la multitud de consejeros está la victoria.

~ Proverbios 24:3-6

Usted tiene un adversario que intentará frustrar sus esfuerzos. Para ser eficaz deberá ser prudente en el campo de batalla.

Barreras en la aplicación de la sabiduría

Las barreras surgen dentro de las filas, así como fuera de ellas. Es importante estar consciente de los esquemas del enemigo para descarrilar sus tentativas (2 Cor. 2:11).

⬥ *"Nunca lo hemos hecho así antes. "Dios no tiene ningún uso de las tradiciones que bloquean su progreso".[1] Simplemente porque siempre se ha hecho de una forma antes, no indica que siga siendo una opción acertada.*

⬥ *"¡Nosotros lo estamos haciendo bien!" El éxito aparente (o real), puede impedir una mayor fecundidad.*

❖ *"Ser organizado/a no es admitir la guía del Espíritu Santo". Dios tiene un plan y trabaja su plan a través de su pueblo. Usted no debe avergonzarse de seguir Su ejemplo al diseñar y hacer un plan de trabajo.*

❖ *"No importa lo que hagamos, Dios lo bendecirá".[2] Esta actitud refleja una falta de disciplina. La sabiduría sugiere consideración a los imprevistos. No hay que confundir la confianza en Dios con la pereza.*

❖ *"Podemos hacer eso", en vez de "deberíamos de hacer eso". Las decisiones pueden estar basadas en las emociones, recursos disponibles o el camino más fácil.[3] Es importante mantener un enfoque claro sobre la visión, participar en actividades que contribuyen a salvaguardar la visión. Hay muchas buenas cosas sobre las cuales invertir, pero solamente unas pocas contribuyen a la visión. Es mala administración ser guiado por las oportunidades en lugar de por la visión. La sabiduría demanda el esfuerzo por considerar las implicaciones de nuestras decisiones, no se trata de tomar la opción más fácil. El camino del menor esfuerzo, a menudo tiene un alto precio a pagar más tarde.*

❖ *"La fatiga nos hace cobardes a todos". Esta famosa frase se le atribuye a Vince Lombardi, el legendario entrenador de los Green Bay Packers (Equipo de fútbol americano). Cuando esté cansado/a, usted es más resistente a nuevas ideas y a todo lo que toca a sus ya bajos recursos. Lo que podría ser una excitante oportunidad puede convertirse en algo abrumador.*

⬦ *"Tengo temor a fracasar". A nadie le gusta fracasar y no tenemos garantías que un proyecto que se intenta salga en la forma planificada. De esta forma, la mediocridad se prefiere por ser más segura. Los proyectos arriesgados traen la perspectiva de fracaso personal y humillación.*

⬦ *"No me gusta el cambio". Es natural temer al cambio, pero se nos ha ordenado "transformaos por medio de la renovación de vuestro entendimiento" (Rom. 12:2). La flexibilidad (apertura para cambiar) es esencial para el ejercicio de la sabiduría.*

⬦ *"Podría perder mi apoyo".[4] La sabiduría puede dictar medidas que indisponen a las personas, o causa controversia entre quienes apoyan financieramente la iniciativa. Pero al final si la acción va en la dirección de la visión se debe actuar con valentía y sensibilidad.*

⬦ *"Lucharemos hasta el final". Los ejércitos son conocidos por seguir luchando incluso cuando saben que serán derrotados. Prolongar la guerra reduce la humillación de la derrota. Una actitud de supervivencia puede sobrevenir. George Barna dijo: "Animar a la gente para que se comprometan así mismos a la supervivencia es una admisión de fracaso".[5] Una vez que la supervivencia se convierte en el objetivo, es solo asunto de tiempo para que sobrevenga el fracaso. La sabiduría no solo ayuda a conseguir la victoria, sino también ayuda a reducir al mínimo las pérdidas, porque reconoce el tiempo prudencial para el retiro.*

228

❖ *"Mi experiencia me dice que esto no funcionará". Podemos depender tanto de nuestra experiencia que extrañamos una cosa nueva que Dios desea hacer. La historia de Pedro y Cornelio (Véase Hechos 10) es un ejemplo clásico. Pedro se basó en su experiencia judía. Lo que le hizo resistente al deseo de Dios de salvar a los gentiles. Mire las declaraciones: "He estado aquí mucho tiempo y conozco lo que ha pasado. He estado en este ministerio durante quince años y sé que esto no va a funcionar". El hecho de que no haya funcionado antes no significa que no funcionará en esta ocasión.*

Dios da la sabiduría

A pesar de los muchos planes del enemigo, Dios promete sabiduría en cuanto la pidamos (Stgo. 1:5). Podemos también crecer en sabiduría al aplicarla a nosotros mismos en un esfuerzo disciplinado (Pr. 2:1-6). Para aprender a hacer decisiones sabias debemos empezar por un saludable temor a Dios. Estamos propensos a tomar decisiones imprudentes, pero debemos tener una duda sana respecto a nuestro propio juicio.

El temor de Jehová es el principio de la sabiduría.
~ Proverbios 9:10

❖

229

Notas

[1] Barna, George. 1992. *The Power of Vision* (El poder de la visión) Ventura, CA: Regal Books, pág. 122.

[2] *Ibid.*, pág. 127.

[3] *Ibid.*, pág. 146.

[4] *Ibid.*, pág. 148.

[5] *Ibid.*, pág. 60.

P T R :

Un punto de referencia para tomar decisiones,
resolver problemas y administrar proyectos

...que avives el fuego del don de Dios. ~ 2 Timoteo 1:6

¿Espontáneo o Pre-planificado?

Algunas personas prefieren pre-planificar todo (ser intencional). Otros prefieren ser espontáneos (ser emergente). A veces, la sabiduría determina la planificación de las cosas de antemano, en tanto que otras veces es más sabio tratar con las cosas según vayan llegando. La aplicación de la sabiduría significa *elegir lo mejor entre las verdades igualmente viables.* Así que, una persona sabia siempre mantiene las verdades de ser "deliberadas" o "emergentes" en la mente.[1]

El siguiente esquema le ayudará a aplicar la sabiduría en una variedad de situaciones, incluyendo tomar decisiones, solución de problemas, asuntos personales y dirección de proyectos. Este esquema es saludable para aquellos quienes tienden a ser deliberados y para aquellos quue prefieren ser emergentes; y es llamado PTR: Preparar, Trabajar, Revisar.

P *Ore*
Establezca el contexto
Articule la visión

T *Desarrolle alternativas*
Establezca prioridades

R *Compruebe los hechos*
Haga asignaciones individuales
Trabaje el plan
Evalúe los resultados

PREPARAR (P)
Orar
El aspecto más importante de la sabiduría es buscar a Dios. Pida a Dios sabiduría (Stgo. 1:5). Clame en voz alta por la sabiduría y entendimiento y búsquela como oro o plata (Pr. 2:1-6). "Si el Espíritu nos da vida, andemos guiados por el Espíritu" (Gál. 5:25 NVI), más bien que depender de nuestra propia sabiduría.

Todo comienza por buscar a Dios, y escuchar su orientación.

Todo aspecto de este marco requiere una diferente mentalidad. Buscar a Dios requiere que usted sea humilde. "Dios resiste a los soberbios, y da gracia a los humildes" (Santiago 4:6).

Establecer el contexto

Dios es el Dios de la historia. El Nuevo Testamento es entendido a la luz de los propósitos de Su reino, bosquejado en el Antiguo Testamento. El contexto ayuda a interpretar pasajes de la Biblia. De la misma manera, las buenas decisiones son hechas en el contexto adecuado[2], como los hombres de la tribu de Isacar. Ellos eran "entendidos en los tiempos, y que sabían lo que Israel debía hacer" (1 Cró. 12:32).

El contexto provee la irresistible base que enciende su pasión. Es a partir de las condiciones del entorno que usted se pone en movimiento. No se trata de la planificación y la lógica, sino la pasión entrañable.

¿Qué está pasando en su situación? ¿Qué le condujo a esta decisión, problema o proyecto? ¿Cómo ha llegado hasta aquí? Examine los hechos que condujeron a este evento para entender claramente la situación. Identifique los recursos disponibles, incluyendo fortalezas y debilidades.

También considere los asuntos fuera de su control, llamado, oportunidades y amenazas. Esto incluye información sobre la comunidad, gobierno o la sociedad en general. Por ejemplo, si hay mayor conciencia de la violencia de pandillas en su vecindario, usted tiene la oportunidad de empezar un ministerio de prevención de pandillas.

Clarificar los valores

Parte de identificar el contexto es aislar los valores claves que subyacen en la actividad. Ciertamente una entrega a

Cristo y Su palabra no son negociables, pero existen otros valores compartidos que pueden llamarse "expectativas" o "supuestos". Los "no negociables" afectarán cada decisión y actividad en el camino. Es provechoso ir a través de un proceso para identificar estos tres o cinco valores que orientarán su toma de decisiones en el futuro.

Es importante clarificar estas expectativas, para que todo el mundo esté involucrado en el mismo sentir. Un buen ejemplo es la conocida Paradoja de Abilene,[3] que se refiere a una familia que vivía cerca de Abilene, Kansas. Ninguno de los miembros de la familia quiso tomar la unidad de transporte en el verano caluroso, polvoriento, sin aire acondicionado, para ir a Abilene, y almorzar en el restaurante favorito. Pero cada miembro pensó que los otros querían ir. Ya que nadie dijo nada, fueron como grupo a ese largo y desagradable viaje, cada persona en su mente deseaba estar en otro lugar. La aclaración de expectativas es esencial para el proceso de "aclaración de valores".

Sea reflexivo/a. "El alma sin ciencia no es buena, y aquel que se apresura con los pies, peca (Pr. 19:2).

Articular la visión

Una parte clave en la aplicación de la sabiduría es estar claro en la tarea. Noé construyó un arca. Nehemías reconstruyó una muralla. Ester salvó a un pueblo del exterminio. Moisés guió a un pueblo fuera de la esclavitud. Josué condujo a los israelitas a la Tierra Prometida. Su tarea podría ser tomar una decisión acerca de un currículo de Escuela Dominical o la planificación de una reunión con los diáconos.

Se dice que los que hacen grandes obras de arte pueden imaginar cómo se ve la obra de arte antes de que ésta se cree. Se dice que Miguel Ángel "libraba" sus esculturas de las prisiones de su mármol. La gente de visión puede ver la obra completada en su mente antes que esto ocurra.

Dios nos da las tareas a medida que nos sometemos a él. Dios da cargas, intereses y pasiones. Preste mucha atención a los indicadores de la voluntad de Dios (vea la Referencia E. *Discerniendo la voluntad de Dios*).

Ser claro/a

La tarea, cualquiera que sea, necesita ser claramente definida de modo que usted pueda desafiar a la gente a unirse a usted (Vea Referencia D, *Cómo implementar la visión en su ministerio*). La visión estimula a la gente a contribuir con sus talentos para alcanzar los resultados. Los líderes eficaces inspiran a la gente mediante una definición clara de la tarea. La claridad de propósitos provee muchos beneficios:

❖ *Las personas pueden decidir si desean unirse a usted en el alcance de la visión o moverse en otra dirección. Usted no desea gente en su equipo que no apoye la visión. Si a estas personas les falta compromiso con el trabajo, ellos causaran problemas. Usted está mejor con un pequeño grupo de personas comprometidas que con un gran grupo con compromisos mixtos.*

❖ *La dirección clara minimiza la confusión, dando una sensación de confianza y esperanza. Los soldados mueren por falta de claridad y dirección. Si existe confusión acerca de la tarea, allí habrá confusión sobre los detalles a lo largo del camino. Cuando hay claridad, cada uno conoce su asignación, cada uno tiene que saber cómo puede contribuir a la visión.*

❖ *Las oportunidades que pueden contribuir a la visión pueden ser anticipadas y reconocidas rápidamente. Nehemías estuvo atento cuando surgió la oportunidad de explicar su visión al rey.*

❖ *Se crea un ambiente donde se puede decir "no" a las oportunidades que no contribuyen a la visión. Las actividades derrochadoras y tentaciones atractivas son minimizadas.*

❖ *Todo el mundo entiende si se está realizando algún progreso o no. La claridad facilita la evaluación.*

❖ *La claridad de propósito ayuda a navegar entre la visión (fe) y la realidad (prudencia). Mantener el objetivo en mente ayuda a decidir cuándo ser audaces y adelantar, y cuando a contenerse y ejercer prudencia.*

❖ *La dirección clara inspira a la gente y los libera a innovar. Si usted ha reunido y capacitado a miembros de su equipo, ellos vendrán con nuevas ideas para alcanzar la visión. Esta es la manera como el Cuerpo de Cristo está diseñado para que funcione.*

❖ *Con un claro entendimiento de la visión, usted puede ser proactivo, ajustando sus acciones para que se adapten a las necesidades. Usted puede minimizar los sentimientos de ser víctima de las circunstancias[4] al tomar control de sus propias acciones en respuesta a la realidad presente.*

Ser específico/a

Sea específico en la definición de las tareas. Al hacerlo, dará rienda suelta a una tremenda energía creativa. En 1961 el Presidente John F. Kennedy dijo: "Yo creo que esta nación debe comprometerse a sí misma en alcanzar esta meta, antes que termine la presente década, de llevar un hombre a la luna y retornarlo con plena seguridad".[5] Este histórico desafío estimuló toda una revolución tecnológica. Pero no fue la idea general de posicionar un hombre sobre la luna, la que generó tal poder, sino el lenguaje específico de alcanzar la meta antes del fin de la década. Nueve años después, la visión de Kennedy fue alcanzada. En el proceso, cientos de científicos, médicos y avances tecnológicos surgieron para beneficio de la humanidad.

Cuando las normas que se establecen son medibles, la conducta de la gente cambia, porque ellos desean alcanzar dichas metas. Cuando el comportamiento cambia repetidamente en el tiempo, se desarrollan hábitos. Cuando los hábitos se forman en un grupo de personas, emerge una "cultura". Por esto, "las medidas forman una conducta y la conducta crea una cultura".[6]

Ser apasionado/a

La pasión debe ser el factor clave al definir la tarea. La tarea surge de la pasión del líder como él o ella estén motivados por la voluntad de Dios. El líder contagia pasión a otros, que luego permanece hasta alcanzar la visión.

> *Sea apasionado/a. "En lo que requiere diligencia, no perezosos; fervientes en espíritu, sirviendo al Señor" (Rom. 12:11).*

La oración, el contexto, los valores, la visión. Una vez que haya definido la tarea, usted tiene el marco que necesita para organizar en torno a esa visión. Esto constituye el "qué". Seguidamente se necesita determinar el "cómo". Usted va a llevar a cabo la tarea. ¿Cómo va llevará a cabo la visión que Dios le ha dado? Una vez haya definido la tarea/visión, usted tiene el marco la estructura que necesita para organizarse alrededor de esa visión.

TRABAJAR (T)

Desarrollar alternativas

Una vez que la tarea esté definida, la tentación es elegir en primer lugar, la estrategia más obvia. En su lugar, deberá buscar el consejo de otros, o soñar con varias opciones, que tal vez no vengan a su mente primero. Suspenda la tendencia de brincar a la acción y tome su tiempo al considerar las opciones.

Algunas actividades y decisiones son pequeñas, por lo que esto puede hacerse rápidamente. Otras decisiones tienen consecuencias graves por lo que el proceso de desarrollo de alternativas tardará más tiempo.

Sea imaginativo/a. "Los pensamientos con el consejo se ordenan; y con dirección sabia se hace la guerra (Pr. 20:18).

Establecer prioridades
Una vez que usted ha considerado algunas estrategias alternas, la siguiente tendencia es probar todo. En su lugar, reduzca sus opciones y establezca prioridades en consonancia con la visión. Evalué las opciones en términos de factores tales como finanzas, instalaciones y personal.

"El simple todo lo cree; más el avisado mira bien sus pasos...El avisado ve el mal y se esconde; mas los simples pasan y reciben el daño" (Pr. 14:15, 22:3).

REVISAR (R)

Comprobar los hechos
Retorne y revise el proceso de sus pensamientos. Si usted ha escrito algo, este es el tiempo para pulirlo y para asegurarse de que está bien. Si se trata de una decisión, hágale una doble revisión a su proceso hasta este punto. ¿Buscó a Dios, estableció el contexto, clarifico los valores, articuló la visión, desarrolló alternativas y estableció prioridades? ¿Está en el camino correcto?

"La ciencia del prudente está en entender su camino; mas la indiscreción de los necios es engaño" (Pr. 14:8).

Dar asignaciones

Haga una lista de tareas. No deje a las personas adivinando sobre los detalles de lo asignado. Para cada paso o papel, responsabilice a una persona específica, con fecha de entrega o vencimiento. Uno de los mayores problemas en los proyectos de ministerio es la falta de claridad acerca de las responsabilidades. Los miembros del equipo se sentirán frustrados si su trabajo no está claro. Los líderes estarán frustrados si los miembros del equipo desperdician el tiempo en actividades inútiles.

En la toma de decisiones o resolución de problemas, éste es el momento de elegir una opción o un curso de acción.

Sea decisivo/a. "Todas estas cosas,…me fueron trazadas por la mano de Jehová, que me hizo entender todas las obras del diseño… Anímate y esfuérzate, y manos a la obra" (1 Cró. 28:19-20).

Aquí viene un tiempo para dejar de hablar y planear y tomar medidas. Esto es el tiempo para buscar resultados, no métodos. No se distraiga poniendo en práctica la tarea o decisión. Durante este tiempo para "TRABAJAR" el plan, la ejecución es la clave. Es mucho mejor ejecutar un plan a medias, que tener un gran plan que usted no puede poner en práctica. Los equipos de deportes victoriosos son eficaces para la ejecución de sus proyectos. Aquellos que tienen un gran plan de juego, pero no pueden ejecutarlo son los equipos que típicamente pierden el juego.

Realizar ajustes con frecuencia

Tanto el ministerio, como la guerra, pueden ser descritos como un "ambiente caótico y donde rápidamente cambian las condiciones". Los acontecimientos rara vez van como se planeó, en este caso el ajuste frecuente, la creatividad, y la innovación audaz son importantes.

Bobby Bowden, ex-entrenador de fútbol en la universidad del Estado de la Florida dijo, "ustedes pueden trabajar toda la semana un plan de juego y luego unas cuatro jugadas para el juego y concluir que el plan no es bueno. Tiene que ser capaz de hacer ajustes. Usted tiene que construir flexibilidad en su gente y en las estrategias".

La creatividad es vital en la guerra: "Es la idea creativa del líder que le permite dirigir a sus hombres a las victorias más significativas".[7] El piloto de caza John Boyd enseñó a sus compañeros pilotos que para participar en el caos de la guerra, por los ajustes continuos, es necesario también volver a ajustarse a las condiciones cambiantes. El modelo de orientación que él usa fue llamado el ciclo OODA: Observación, orientación, decisión y acción.[8]

Jesús enseñó la parábola de los talentos (Mt. 25:14-30) para resaltar la creatividad del mayordomo en el uso de sus talentos para producirse un rico reembolso.

Invitar a la innovación

Los miembros del equipo necesitan un cuadro suficientemente claro de la tarea a realizar a fin de que puedan innovar libremente. "[Proporcione] los límites dentro de los cuales las personas serán libres para practicar su don espiritual sin tener que pedir permiso".[9] La música Jazz es un ejemplo de innovación dentro de los límites. Cada canción tiene una estructura básica dentro de la cual los músicos son libres de innovar.

Cuidar los extremos

Hay dos extremos opuestos a considerar. Uno es un rígido apego al plan a pesar de las condiciones cambiantes. El otro es la falta de disciplina para seguir el plan que ha sido establecido. Algunos consideran por mucho tiempo, en tanto que otros ceden demasiado fácilmente. No hay ninguna respuesta fácil. La sabiduría divina tarda para saber cuándo permanecer enfocado y cuándo ir en una dirección diferente.

Sea creativo/a. Recuerde las lecciones de la parábola de los talentos (Mt. 25:14-30).

La planificación y ejecución de una tarea de ministerio son cansadas y consume tiempo. Después de que todo esté terminado, la última cosa que usted quiere hacer es evaluar la actividad. Es más fácil suponer que lo que usted hizo fue eficaz. El tiempo, el esfuerzo, y los recursos son gastados cuando los programas ineficaces o el personal, siguen sin una revisión o supervisión adecuada.

Evaluar

Las organizaciones exitosas son implacables en su evaluación. La fecundidad en el ministerio requiere una evaluación rigurosa. Aunque ocurra la fricción (porque las cosas rara vez van de acuerdo con el plan), es importante revisar los resultados y métodos a fin de hacer correcciones.

Los militares de Estados Unidos tienen un compromiso con la evaluación de cada misión, creyendo que la más importante parte de una batalla es el repaso. Margaret Wheatley dijo: "[El ejército] tiene este maravilloso proceso de aprendizaje llamado 'Tras la acción, revisión,' en el que todos los involucrados se sientan y discuten tres preguntas: ¿qué pasó? ¿por qué piensa que esto pasó? ¿Y qué podemos aprender de ello?"[10]

El almirante Jim Stockdale fue el oficial de mayor rango en el Hanoi Hilton, un campo de prisioneros norvietnamita. Él fue muy admirado por sus subalternos. Torturado veinte veces, él hizo todo lo posible para ayudar a sus compañeros de prisión a sobrevivir. Él inventó maneras para ayudar a sus hombres frente a su terrible experiencia, tales como un sistema de comunicación interna que les permitió enfrentar la soledad del confinamiento. Con el fin de evitar que se tergiversara un video como un "prisionero bien tratado", se golpeó con una silla y se cortó con una navaja. A partir de esta horrible experiencia, Stockdale desarrolló lo que se conoce como "La paradoja Stockdale"[11] la cual consiste en:

"Conserve la fe para que prevalezca hasta el final,
independientemente de las dificultades
Y AL MISMO TIEMPO,
confronte los más brutales hechos de su realidad actual,
o los que puedan ser".

Stockdale entendió que los grandes líderes son despiadados en su evaluación.

En los deportes, el mejor equipo es aquél que hace un "buen ajuste al medio tiempo". Evalúan qué está pasando y hacen ajustes a su plan de juego en tanto tengan tiempo para reflexionar y trazar un nuevo curso de acción.

Celebrar

Otro elemento esencial de la revisión, es celebrar lo que Dios ha hecho. Por ejemplo, ore con gran fervor por su bendición, sea intencional para agradecer por el camino por su respuesta. También aprecie a las personas que contribuyeron a la visión.

Ed Delahanty tiene el cuarto promedio mayor de bateo en la historia las grandes ligas de béisbol, pero él no logró 65.4 % de la temporada. Celebre el 34.6% promedio de bateo, no el 65.4 % del índice de fracaso.

Aun cuando los resultados han sido decepcionantes, la energía del equipo no ha sido en vano. El equipo se ha preparado en oración, trabajando con confianza en Dios. Usted no puede siempre ver todo el panorama de lo que Dios tenía en mente para su proyecto.

Aprender

La evaluación es un buen momento para recordar el equipo que los reveses son inevitables y canjeables si existe la voluntad para aprender de ellos. Aún la más devastadora de las derrotas puede ser terreno fértil para la mejora. Jack Welch, ex Jefe Oficial Ejecutivo (CEO siglas en inglés) de General Electric, dijo esto sobre las lecciones de la crisis del huracán Katrina del 2005:

La inmunidad a las crisis viene del aprendizaje. Las crisis nos enseñan que el sistema está roto y cómo repararlo para que no se rompa otra vez. En definitiva, el aprendizaje es por qué los desastres, en los negocios y en la naturaleza tienen el potencial para que las organizaciones les sobrevivan mucho más fuertes a lo largo del trayecto.[12]

La principal razón para una Evaluación es hacer ajustes. Aprender y ajustar son las claves de un liderazgo sabio. Después de Evaluar, re-inspeccione las otras partes del PTR. Vuelva y PREPARE (ore, restablezca el contexto, confirme o modifique los valores y las tareas, desarrolle nuevas alternativas y prioridades, compruebe los hechos y dé nuevas asignaciones individuales). Trabaje su nuevo plan. Evalué los resultados. Este ciclo le ayudará a aprender.

P	**Ore**	¿QUÉ?	*Humilde*
	Establezca el contexto		*Reflexivo/a*
	Articule la visión		*Apasionado/a*
T	**Desarrolle alternativas**	¿CÓMO?	*Imaginativo/a*
	Establezca prioridades		*Prudente*
R	**Compruebe los hechos**		*Perspicaz*
	Haga asignaciones individuales		*Decisivo/a*
	Trabaje el plan		*Creativo/a*
	Evalúe los resultados		*Reflexivo/a*

La *evaluación* es la parte más descuidada del PTR, pero también la más crítica. Es la evaluación la que trae reformas a las siguientes tareas. Nehemías necesitó evaluar debido a Sambalat. Pedro enfrentó la sorpresa de Cornelio. Gedeón tuvo que ajustar su plan cuando Dios le dijo que redujera su ejército. Pablo tuvo que cambiar de dirección después de la visión del varón macedonio. Usted debe estar abierto al Espíritu Santo y no ser rígido/a o dogmático/a.

> *Sea reflexivo/a de nuevo. "Pobreza y vergüenza tendrá el que menosprecia el consejo; mas el que guarda la corrección recibirá honra. El que tiene en poco la disciplina menosprecia su alma; Mas el que escucha la corrección tiene entendimiento" (Pr. 13:18, 15:32).*

Ejemplo de PTR
Para mostrar cómo el PTR es aplicable, incluso a las más básicas actividades de la vida, considere este ejemplo: un

niño de tres años jugando con bloques y le pide a su padre
que juegue con él.

Orar. El padre tiene diversas opciones para su tiempo, pero
rápidamente ora y se decide que es mejor darle a su hijo
algunos minutos de atención.

Contexto. El padre pasa rápidamente por un proceso
mental: jugando con bloques es bueno para las habilidades
motoras de los niños. Padres e hijos jugando juntos es
bueno para la unidad. Su niño disfruta construir con
juguetes y tiene algunas ideas acerca de cómo jugar con
ellos. El padre sabe una variedad de formas que los bloques
pueden utilizarse para la diversión, desde que él se recuerda
jugar con bloques.

Visión. En una breve conversación, coinciden que la visión
principal es construir una torre para golpearlo de manera
espectacular.

Alternativas. Ellos discuten las varias maneras de construir
una torre antes de que caiga. Puede ser construida según la
velocidad o a cierta altura, puede construirse toda de un
solo color, o con algunos diseños visualmente atractivos.

Delimitar prioridades. Después de una breve discusión, se
ponen de acuerdo qué construir, a qué velocidad, hasta qué
altura, según la altura del hijo, es la alternativa preferible.

Comprobar los hechos. Ellos rápidamente evaluarán qué
están haciendo: construyendo a cierta altura a fin de que

sea derribado, asegurándose de que haya suficientes bloques para construirlo a la altura deseada. Si tendrán que volver a diseñar para construir a una altura menor, si no tienen suficientes bloques para el plan original.

Asignaciones. Se dividirán lo que cada uno hará. El padre está asignado para separar los bloques según sus medidas. El hijo construirá la torre con las frecuentes consultas al padre. Ambos están satisfechos con los arreglos y sus atribuciones claras.

Trabajar. Trabaje el plan. Se empieza construyendo, ajustando según se avance, a fin de asegurarse que no se caerá antes que alcance la altura deseada. Al fin, el hijo tendrá el honor de patear la torre nuevamente, con un gran estrépito.

Evaluar. Ellos decidirán construir la torre nuevamente, pero esta vez con un diferente diseño de construcción que hará que sea más alta. Construirán y destruirán con gran satisfacción y luego tendrán recuerdos duraderos.

Esto es un ejemplo tonto y simplista, pero uno que muestra todo los pasos esenciales de aplicar sabiduría a una tarea. La mayor parte de las actividades de ministerio son mucho más complejas y requieren mayor esfuerzo. Pero el mismo proceso mental es usado.

En cada paso a lo largo del camino, los errores pueden ser hechos y que perjudiquen el éxito del esfuerzo. Por ejemplo, si se salta la discusión, puede haber argumento entre padre e hijo sobre sus diferentes expectativas. Si la visión no es definida claramente, otro conflicto puede seguir. Si las opciones no se consideran y luego las prioridades se ponen, podría haber tentativas con múltiples fracasos antes de que la experiencia satisfactoria ocurra, y por esto el tiempo del padre o hijo podría haberse rendido en la frustración, antes que un momento de familia feliz. Si no son hechas las asignaciones al individuo podría haber sentimientos de daño (pero yo quería dar un puntapié a la torre, no usted, Papá), lo que hará que haya menos actividades futuras probablemente.

Resumen
Usted puede aplicar PTR así como despertar su don espiritual (2 Tim. 1:6). La victoria se encuentra cuando hay Sabia Preparación, Creativamente Trabajados o ejecutados bajo la dirección del Espíritu Santo, con una rigurosa revisión.

Dwight Eisenhower, líder de las Fuerzas Aliadas en la Segunda Guerra Mundial, dijo: "En la preparación para la batalla, siempre he encontrado que los planes son inútiles, pero la planificación es indispensable".[13] Eisenhower sabía que el proceso de preparación era más importante que el plan actual mismo. Los planes pueden ser desechados, pero el proceso de pensar y discutir es fundamental.

El esquema PTR es útil para muchas áreas de la vida personal o ministerial, tales como la supervisión de un área de ministerio, planificación de un día de su vida, dirección para su familia o tomar una decisión.

◇

Notas

[1] Mintzberg, Henry. 1994. *The Rise and Fall of Strategic Planning.* (Implementación y Fracaso de un Plan Estratégico). New York, NY: The Free Press, pág. 24.

[2] Barna, George. *The Power of Vision.* (El Poder de la Visión) pág. 85.

[3] Goodstein, Leonard, Nolan, Timothy, Pfeiffer, J. William. 1993. *Applied Strategic Planning* (Planificación de Estrategias Aplicadas). New York, NY: McGraw-Hill, pág. 152.

[4] Barna, George. *The Power of Vision* (El Poder de la Visión), pág. 110.

[5] Kennedy, John F. May 25, 1961, *Special Message to the Congress on Urgent National Needs* (Mensaje Especial al Congreso acerca de Necesidades Nacionales Urgentes).

[6] Labovitz, George, and Rosansky, Victor. 1997. *The Power of Alignment: How Great Companies Stay Centered and Accomplish Extraordinary Things* (El Poder de Asociarse: Cómo Grandes Compañías Permanecen Centradas y Obtienen Cosas Extraordinarias). New York, NY: John Wiley & Sons, pág. 156.

[7] Mrazek, James. 1968. *The Art of Winning Wars.* (El Arte de Ganar la Guerra). New York, NY: Walker Books.

[8] Hammonds, Keith H. June 2002. *The Strategy of the Fighter Pilot.* (La Estrategia del Piloto de Caza). Fast Company, págs. 100-115.

[9] This quote is from a (March-April 1999 NetFax interview with Bill Easumat http://www.ntcumc.org/ArcMyC/MyC9903.html. The idea is fully developed in Bill Easum's book, Growing Spiritual Redwoods, 1997. Nashville, TN: Abingdon. (Esta cita es de una entrevista, la idea finalmente es desarrollada en el libro Crecimiento Espiritual Redwoods de Bill Easum).

[10] Insight and Outlook. November 1996. *The New Science of Leadership: An interview with Margaret Wheatley* (La nueva ciencia de Liderazgo: Una entrevista con Margaret Wheatley). http://www.scottlondon.com/insight/scripts/wheatley.html.

[11] Collins, Jim. 2001. *Good to Great* (De lo Bueno a lo Genial). New York, NY: HarperCollins Publishers, pág. 86.

[12] Welch, Jack. September 2005. *The Five Stages of Crisis Management. Opinion Journal* (Las cinco etapas de la gestión de Crisis. Diario de opinión). www.opinion.journal.com/editorial/feature.html?id=110007 256.

[13] Charlton, James, ed. 2002. *The Military Quotation Book* (El libro de Cita Militar). Nueva York: St. Martin's Press, pág. 5.

Proyectos:
La conexión para la pasión ministerial

Pasión y visión deben encontrar una salida.
Ellos piden un vehículo.
Los proyectos son ese vehículo.

LA DEFINICIÓN de un proyecto es "un esfuerzo que tiene un principio y un final que debe ser completado dentro de los límites definidos de tiempo, recursos o la calidad".

Hay muchos ejemplos de proyectos en la Biblia (vea la Referencia H). Del mismo modo, hay muchos proyectos que tienen lugar en la vida de la iglesia. Cada vez que usted conduce un servicio de cualquier clase, inclusive el domingo por la mañana, esto es un proyecto. Cada vez que diseña un nuevo programa, este es un proyecto. Cuando usted tiene una reunión tal como una sesión de ancianos, una sesión de maestros de escuela dominical, una sesión de consejería o una reunión de personal, estos son proyectos. Los programas, como un evento de alcance o un retiro, son todos proyectos.

Los proyectos pueden ser eventos de una sola vez, no las tareas en curso o responsabilidades. Sin embargo, incluso las responsabilidades en curso pueden incluir proyectos a lo largo del camino.

Los proyectos se completan dentro de límites definidos de ya sea tiempo, recursos, o calidad.

Tiempo

Pueden haber vencimientos o fechas límites implicadas. El proyecto debería ser completado para una cierta fecha, o el acontecimiento tendría que ser completado en un cierto marco de tiempo. Por ejemplo, el lanzamiento de un nuevo programa para la evangelización tendría que comenzar dentro de los siguientes doce meses, porque el líder se traslada a otra ciudad el próximo año.

Recursos

Puede haber límites en cuánto dinero se puede gastar o cuánto tiempo la gente puede dar para el proyecto. La iglesia puede que desee tener un retiro en Hawaii, pero puede estar fuera del presupuesto. Puede haber restricciones en la disponibilidad de equipos. El centro comunitario que usted desea usar puede que ya esté reservado para el día en que usted quiere celebrar el evento de la iglesia.

Calidad

Tiene que haber un entendimiento del nivel de calidad esperado para el proyecto. Cuando Dios dio a Moisés las especificaciones del tabernáculo, Él dio gran detalle sobre qué tipo de materiales se debería utilizar, y cómo Él lo quería construido. En otra ocasión, Dios redujo gradualmente de diez mil miembros del ejército de Gedeón a trescientos hombres a fin de mostrar su grandeza.

Algunos de los proyectos exigen el derroche, mientras que otros pueden ser hechos con muy pocos recursos.

Ejemplo
Hay un ejemplo clásico acerca de las limitaciones de un proyecto en el film de 1995 de Ron Howard, "Apolo 13". Los tres astronautas sufrieron el mal funcionamiento de su equipo en el espacio, lo cual impediría su llegada a la luna y amenazaría su seguro retorno a la tierra. El suministro de aire de la tripulación necesitaba ser re-diseñado o morirían por envenenamiento por el dióxido de carbono.

Seis ingenieros entraron a un cuarto con cajas de una variedad de productos que estaban disponibles en la nave espacial. Se les dio la tarea de inventar un filtro de caja cuadrada que debería caber en un recipiente redondo. Al poner los contenidos en la mesa, el líder dijo al grupo: "Tenemos que salir adelante. Tenemos que encontrar una manera para hacer que esto [la caja cuadrada] encaje en el agujero de esto [el cilindro redondo] sin usar nada más que eso [señalando la chatarra que estaba sobre la mesa".[1]

Ellos tenían una tarea específica que estaba limitada por el tiempo, la calidad y los recursos disponibles. Si se tomaban mucho tiempo, los hombres podrían morir. Sólo lo que tenían disponible en la cabina espacial podría ser usado para construir este dispositivo. Su diseño tenía que ajustarse a un modelo preciso y específico.

Diseñaron el filtro usando las páginas de su manual de vuelo y cinta adhesiva, pero funcionó, y los astronautas llegaron seguros a casa.

Principios clave de proyectos exitosos

La preparación es clave para el éxito de cualquier proyecto. Mientras más complejo sea el proyecto, más tiempo se lleva para la preparación. Los siguientes pasos implican un complicado proyecto. Menos tareas complicadas requerirán menos preparación.

Los pasos a seguir en cualquier proyecto pueden encontrarse en el acróstico "PTR" (véase la Referencia B).

P Preparar
T Trabajar
R Revisar

1. En primer lugar, busque a Dios para guiarle en el proyecto.

2. Identifique el contexto haciendo estas preguntas:

   a. ¿Cómo surgió esto? ¿Cuáles fueron los factores convincentes que condujeron a esta idea? ¿Cuáles fueron las cosas que fueron sucediendo en la comunidad, en mi propia vida o las vidas a mi alrededor que me atrajeron a este proyecto?

   b. ¿Quién está involucrado? ¿Quién se beneficiará? ¿A quién servirá? ¿Quién me ayudó a llegar a este punto?

c. ¿Por qué estoy haciendo esto? ¿Por qué ahora?

d. ¿Cuáles son los valores subyacentes, supuestos, o convicciones?

e. ¿Qué recursos (personas, dinero, cosas) están disponibles?

f. ¿Cuáles son las fortalezas, debilidades, oportunidades y amenazas?

3. Describa el propósito de esta tarea. En términos específicos, ¿qué resultados se desean al final? En muchos proyectos, usted puede tener un número de sub-propósitos (objetivos), pero debe haber un propósito primario para cada proyecto, aun cuando usted pueda estar cumpliendo una serie de cosas a la vez. Por ejemplo, cuando usted recibe un evento de capacitación de evangelización, el propósito primario puede ser "equipar a los santos para el servicio". Pero usted puede tener otros objetivos, tales como "entablar una cooperación con otras iglesias" o "desarrollar liderazgo en la iglesia".

O quizá su propósito primario puede ser "desarrollar un líder potencial" y el entrenamiento y los asuntos de compañerismo son objetivos secundarios. En cualquier caso, usted debe identificar un propósito primario. Tener un propósito primario claro, le ayudará a hacer decisiones después cuando usted se encuentre frente a las decisiones difíciles. Conocer el propósito primario ayuda a mantener las prioridades y le lleva a guiar a su gente correctamente.

Una declaración de visión describe la intención estratégica de la actividad. Le dirá a qué debe parecerse el producto final. En una a tres oraciones, la declaración de la visión debe incluir:

⋄ *¿Qué quiere llevar a cabo?*

⋄ *¿Quiénes son su punto en la mira (pertenencia étnica, geográfica, económico, personalidad, edad, género (sexo), necesidad)?*

⋄ *¿Cuáles son sus restricciones o límites (tiempo, recursos, u otro)*

⋄ *¿Cómo se distingue esto de otros esfuerzos similares?*

Un ejemplo de una declaración de visión para plantar una iglesia sería:

Durante los próximos cuatro años, plantaremos una iglesia que será liderada por alguien de la comunidad, en el vecindario de Ironbound, Newark. Nosotros nos concentraremos en la población portuguesa con un énfasis en el establecimiento de un ministerio a los niños que construya relaciones con sus padres.

Note que la declaración (afirmación) encuentra (cumple) todos los criterios. Esto contesta las preguntas "Quién, Qué, Cuándo, Cómo, Dónde", y es distintivo.

Un ejemplo pobre de una declaración (afirmación) de visión sería:

> Seremos fieles a Dios compartiendo el Evangelio. Al aceptar la gente a Cristo, vamos a discipularlos y formaremos una iglesia.

Tenga en cuenta que esta declaración produce un error en todos los criterios. No menciona a un público objetivo. No menciona ningún tiempo, recurso o restricción de calidad, de modo que esto no es un verdadero proyecto. Es pasiva en su descripción acerca de lo que se va a lograr. Finalmente, ofrece poco para distinguir la actividad de otras personas que podrían estar haciendo lo mismo.

Una visión declara una necesidad para inspirar a las personas a unirse a usted. El ejemplo anterior hace poco para inspirar a la gente a intentar grandes cosas para Dios.

4. Divida la tarea en 3 a 5 fases grandes. Todos los proyectos, incluso los complejos, pueden ser repartidos dentro de sus componentes principales.

Por ejemplo, cuando una empresa planea hacer un avión, ellos dividen el avión en sus componentes principales: las alas, el fuselaje, la cola, etc. Ellos construyen cada componente separadamente y luego los colocan todos juntos. En un proyecto tan complicado como los Juegos Olímpicos de Verano, los organizadores pueden dividir el evento en categorías principales. También por ejemplo, pueden organizar alrededor de a) competencia, b) viviendas para los atletas y funcionarios, c) el contacto con las autoridades del gobierno local, d) transporte y, e) seguridad.

En un culto de adoración, puede dividir el proyecto en:

a. Preparación del sermón

b. Equipo y apoyo técnico

c. Saludo/recepción

d. Música

e. Anuncios

5. Opciones en la lluvia de ideas en varias áreas que necesitan ser cubiertos. La reunión de "lluvia de ideas" es el proceso de discusión marcada por el paso rápido sobre ideas, sin evaluación de las ideas. La gente es animada a unirse, proporcionando hasta las ideas más escandalosas, para conseguir creatividad que fluya. La reunión de "lluvia de ideas" es eficaz, porque presenta el número máximo de ideas en un período corto de

tiempo y esto permite que los participantes provoquen la creatividad entre unos y otros. El proceso de la reunión de "lluvia de ideas" debería incluir a tantas personas como sea posible, que tienen conocimiento del tema. Anime a cada uno a participar, porque la gente será leal con la visión si ellos son implicados en el proceso desde el principio.

Cuando dirija la sesión de lluvia de ideas[2], debería:

a. Sea claro/a sobre lo que se está hablando, así usted no obtendrá demasiados temas de un solo. Por ejemplo si usted está hablando sobre la ubicación de un lugar para un retiro, no confunda la sesión con una lluvia de ideas sobre la comida para el próximo retiro. Si se proponen ideas desconectadas, asegúrese de escribirlas para ponerlas en "lista de espera" en la agenda.

b. Asegúrese de que el ambiente esté seguro, relajado y lúdico, donde las ideas de ninguno serán criticadas (La comida siempre ayuda a crear un ambiente relajado).

c. Designe a alguien para que haga las ideas "visibles", usando un pizarrón o un rotafolio. Enumere las ideas a medida que las escribe para hacer referencia a ellas más adelante.

d. Haga un ejercicio de "calentamiento" para ayudar a la gente a empezar a pensar en la dirección correcta. Por ejemplo, si usted hace una lluvia de ideas sobre el perfil de una clase para nuevos miembros, tómese diez minutos para la presentación de ideas sobre clases de membresías de otras iglesias. También puede compartir parte de un artículo sobre la importancia de la membresía. Anime a los participantes a empezar a pensar en la dirección de su discusión.

e. Trate de crear el momento y el entusiasmo. Anime a la gente a seguir añadiendo ideas, aún si piensa que ya tiene suficientes ideas. La siguiente idea puede ser la mejor.

Si usted está trabajando en el proyecto por sí mismo/a y no puede obtener ayuda de otros, tome tiempo para la lluvia de ideas por usted mismo/a. No se conforme con sus primeras ideas. Trate de desarrollar algunas alternativas creativas.

6. Comience a traer el orden al caos de ideas, estrechando las opciones por priorización, combinación, eliminación, o modificación de las ideas. Esto puede ser hecho durante o después de la reunión, como un grupo o individualmente. Para proyectos más largos:

a. Estreche su marco de tiempo a doce meses. La mayor parte de situaciones cambian demasiado para ponerse objetivos y proyectos más allá de un año.

b. Cree una lista "todavía no" para ideas buenas cuyo tiempo aún no ha venido. Examine la lista más tarde.

7. Ideas estrechas adicionales al formar un poco de planificación, presunciones o coacciones.

a. Identifique cuánto dinero hay disponible, o cuánto dinero será necesario para completar este proyecto. Incluya otros recursos que puedan ser necesarios.

b. Considere como sus ideas son afectadas por las instalaciones. ¿Están disponibles las instalaciones? ¿Son del tamaño apropiado? ¿Se ajustan a sus necesidades?

c. Haga una conjetura sobre la concurrencia u otros supuestos que conducirán el alcance del proyecto.

8. Finalice haciendo una lista limitada de medidas concretas para llevar a la acción. Entre más complejo el proyecto, lo más importante será tener el plan por escrito (vea las Tablas 1 y 2 como ejemplos).

a. Enliste todas las tareas a completar. Para hacerlo, usted tendrá que imaginar mentalmente el evento de principio a fin, imaginando en su mente todo lo que tendrá que llevarse a cabo. Si usted no hace esto, usted perderá detalles claves.

b. Agrupe las tareas lógicamente. Por ejemplo, si usted tiene un número de cosas por comprar en la tienda, combínelas en una sola compra, de ser posible.

c. Por cada tarea, considere alguna otra tarea que debe ser realizada antes. Por ejemplo, una de las tareas de carácter social puede ser "la elección de un tema". Puesto que "la compra de los adornos" no se puede hacer hasta que alguien ha elegido el tema, "la elección del tema" se llamará un "predecesor".

d. Establezca plazos para mantener el proyecto según el cronograma previsto.

e. Coloque las tareas en una secuencia lógica de tiempo, con el primer plazo en primer lugar.

9. Verifique los pasos de acción. Asegúrese haber pensado de principio a fin de cada cosa. Debería ir por una segunda vez imaginando el evento o proyecto en su mente. Considere lo siguiente:

a. La gente

b. El dinero

c. El equipo y la tecnología

d. La información

e. Las instalaciones

f. Apoyo en oración

g. La aprobación conveniente

h. La comunicación

i. Los materiales y los suministros

j. El tiempo para la revisión final

k. ¿Hay tareas innecesarias? ¿Se traslapa alguna cosa?

l. ¿Hay predecesores innecesarios?

m. ¿Son las tareas realistas?

n. ¿Son las tareas medibles? ¿Están lo suficientemente claras para evitar confusiones?

o. ¿Tienen las personas las herramientas necesarias para desempeñar su trabajo?

p. ¿Están las tareas en consonancia con el nivel relativo de calidad deseado o de la disponibilidad de los recursos (por ejemplo, está la camioneta disponible este fin de semana)?

q. ¿Ha considerado el costo de las alternativas?

r. ¿Se puede cumplir con las limitaciones de dinero, calidad o tiempo?

10. Delegue tareas individuales.

   a. Asegúrese que conoce el propósito del proyecto y que lo ha comunicado a otros.

   b. Comunique las expectativas de calidad, recursos y tiempo.

   c. Diga a los miembros de su equipo cuán frecuentemente desea informes de sus progresos.

   d. Asegúrese que la gente sepa qué se le ha asignado. No asuma que ellos lo sabrán.

11. Dirija el proyecto trabajando el plan.

   a. Monitoree diaria o semanalmente las tareas escritas (dependiendo la fase del proyecto). Cuando los proyectos estén cerca de completarse, usted se referirá a su lista de tareas más a menudo.

   b. Siga con las tareas delegadas. Algunas personas necesitarán más supervisión que otras. Algunos apreciarán su inspección como muestra de apoyo, y otros se molestarán, pensando que no se les tiene confianza. Debe ser sabio en la dirección de cada persona.

   c. Mire por los cambios en suposiciones o eventos. Haga los ajustes necesarios.

d. Haga que los vendedores ofrezcan competitivamente. Si usted puede obtener tres ofertas sobre los artículos, debe siempre cerrar la compra con el mejor precio. Aun cuando usted tenga amistad con alguno, o siempre ha hecho negocio con ellos en el pasado, vale la pena el esfuerzo para comprar. Siempre encontrará un mejor precio.

e. Dirija reuniones efectivas. Venga preparado con una agenda. Fije el día, la hora y el lugar para la próxima reunión, mientras estén juntos. Clarifique cuales son las próximas gestiones de cada uno.

f. Conserve las notas de los éxitos, fracasos e ideas. Si usted realiza un proyecto similar en el futuro, usted apreciará las notas que le ayudarán a hacer los ajustes. No asuma que recordará todo. La investigación muestra que los eventos repetidos serán el 20% más fácil si usted aprende de su experiencia pasada.[3] Guarde notas para recordarse usted mismo/a qué hacer o qué no hacer la próxima vez.[4]

12. Evalúe el proyecto.

a. Obtenga retroalimentación de los participantes.

b. Haga una revisión formal del evento. Aunque piense que sabe todo sobre el éxito del evento, aún debe recopilar información de aquellos que estuvieron involucrados. Guarde los resultados y revíselos de nuevo para la próxima vez. Compare los resultados con los de su propósito previsto. ¿Obtuvo los resultados previstos? Plantéese las siguientes preguntas:

1) ¿Qué salió bien?

2) ¿Qué no salió bien?

3) ¿Qué debemos cambiar, añadir o eliminar?

4) ¿Qué debemos preservar o aumentar?

c. Festeje la victoria al concluir el proyecto. A pesar de cómo hayan sido los resultados y a pesar de cuán satisfechos o insatisfechos hayan sido, agradezca a Dios por su provisión. Agradezca a quienes contribuyeron al proyecto.

d. Reporte en retrospectiva a los que siempre necesitan escuchar acerca de los resultados.

e. Tome alguna acción correctiva que descubrió en su evaluación.

Destructores de proyectos
Hay un número de errores comunes que los líderes de proyectos cometen, que pueden obstaculizar un proyecto.

1. Excesivo encargo para la calidad.

Usted puede también gastar mucho tiempo y dinero probando para lograr "ni más ni menos lo correcto" y perder la meta de la excelencia sin razón. Aspire a un alto estándar, pero sea cuidadoso para no obstaculizar el proyecto con expectativas irracionales. Los problemas más comunes son:

a. Gasto excesivo de dinero. Muchos proyectos fracasan quedándose sin dinero antes de que finalicen. Asegúrese de tener los recursos adecuados, o esté atento para hacer ajustes si el dinero no viene como lo esperaba.

b. Tomar demasiado tiempo. Los proyectos frecuentemente tienen un tiempo contemplado. Ponga atención a los plazos de vencimiento.

2. Problemas con las expectativas.

a. Expectativas poco claras. Si las personas están confundidas sobre sus responsabilidades, el proyecto puede fracasar. Sea claro/a, y dé seguimiento para garantizar claridad.

b. Discrepancia acerca de las expectativas. Algunas personas sabrán exactamente lo que usted desea, pero le socavan, porque tienen su propia agenda. Si usted descubre esto, necesita corregirlos, reasignarlos o pedirle que abandonen el proyecto. No permita que otros saboteen el proyecto.

3. Demasiadas reuniones. Tenga reuniones solamente cuando sean necesarias. Piénselo dos veces antes de llamar a una reunión. ¿Puede la situación ser manejada por teléfono, personalmente o por escrito? Si usted tiene una reunión, vaya preparado con una agenda de modo que haga buen uso del tiempo y los esfuerzos.

4. Falta de liderazgo. Muchos proyectos fracasan debido a un pobre liderazgo. Busque crecer en todas las áreas del liderazgo. Aprenda de sus errores.

Ejemplo de proyecto: Retiro de mujeres
El siguiente es un ejemplo paso a paso de acuerdo con el marco PTR para celebrar un retiro para damas:

1. Busque la dirección del Señor, luego identifique el medio ambiente. Usted recién llevó a cabo el último fin de semana, el evento de evangelización "puerta por puerta" y treinta y dos mujeres expresaron su decisión por Cristo. Ahora usted necesita una ruta para dirigirse a un próximo paso con éstas recién convertidas.

2. Defina el propósito. Usted decide que orientar a las treinta y dos mujeres dentro de la vida de la iglesia es el propósito primario. Desea ver a todas las treinta y dos mujeres asistir a la iglesia y se involucren en un estudio bíblico semanal.

3. Divida el retiro en partes mayores, decidiendo en estas áreas:

a. Transporte

b. Predicador/enseñanza

c. Actividades

d. Comida

e. Seguimiento

4. Después busque opciones en una lluvia de ideas tocante al retiro. ¿Qué tipo de programa podría tener? ¿Dónde llevarlo a cabo? ¿Cómo darle seguimiento? ¿Qué necesitamos para maximizar las probabilidades para que esas nuevas creyentes vengan a las actividades semanales de la iglesia después de esto?

5. Después de esto, fije las prioridades a través de una lluvia de ideas. Elimine algunas ideas o combine otras a fin de tener un cuadro completo de los detalles.

6. Desarrolle hipótesis de planificación. Decida que de las treinta y dos mujeres invitadas, asistirán veinte. Suponga que quince mujeres, que ya son miembras de la iglesia, se unirán a ellas, para una asistencia total de treinta y cinco. Encuentra que se le han dado $1,000 para el retiro y tienen que trabajar dentro de estas cifras. Esto le ayudará a hacer decisiones adicionales.

7. Haga una lista de tareas que tienen que ser completadas (vea la figura 1). Repase el retiro completo de principio

a fin, imaginándose lo que se llevará a cabo, a fin de no olvidar los detalles importantes. Decida delegar algunas de estas ideas a otras personas que estén haciendo ya algunos de los trabajos. Pida que le informen en una semana sobre sus áreas de responsabilidad.

8. Realice un sencillo control para ver si han cubierto todas las bases. Usted podrá encontrar si olvidó incluir el desarrollo de un presupuesto detallado. De esta forma añadirá detalles a su lista.

9. Comunique a las personas, las tareas del equipo encargado del retiro. Asegúrese de conocer sus responsabilidades, con cuánto dinero cuentan para su funcionamiento y cuándo le van a informar. Usted responde a sus preguntas y estén seguros que ellos conocen cómo seguir tomando sus primeros pasos.

10. Usted coloca el tiempo para la próxima reunión y pone en claro los próximos pasos que seguirán.

11. Trabaje su lista de tareas, monitoreando periódicamente para ver cuanto progreso se ha hecho.

12. Supervise a las personas a quienes se les ha dado asignaciones, animándolas y confirmando que ellas tienen la información o herramientas que necesitan para tener el trabajo hecho.

13. Usted tiene la perspectiva sobre eventos inesperados. Usted no tiene problemas o sorpresas cuando éstos ocurran. Reaccione a ellos con creatividad y alegría, sabiendo que Dios está con usted. Busque la ayuda de otros para que su equipo reciba las ideas en cómo ajustarse a los cambios.

14. Tome nota sobre las lecciones aprendidas, para así recordarlas más adelante.

15. Unos pocos días antes del evento, revise dos veces para ver si las cosas están hechas. Las personas pueden olvidarse de lo que ellos suponen hacer, así usted les recordará algo de lo que deben hacer.

16. Cuando el tiempo para el retiro venga, usted ha creado una nueva lista de tareas con todas las cosas que tenga por ocurrir en el evento. Vigile de cerca durante todo el día del evento, improvisando según sea necesario.

17. Recoja la opinión de las damas que asistieron al retiro y también del equipo que trabajó con usted para organizarlo.

18. Escriba sus propias notas sobre lo que pasó y lo que aprendió en el evento. Por ejemplo, anote qué catorce nuevas mujeres llegaron al retiro, además de diecisiete miembros existentes. Tome en cuenta en dicho informe que no hubo suficiente comida para la cena de una noche.

19. Dos semanas después del retiro, se entera que tres de las mujeres de la primera convocatoria están asistiendo al estudio bíblico semanal de las damas. Piense en el retiro y hágase algunas preguntas:

    a. ¿Qué hicimos bien que nos ayudó a conseguir tres mujeres en un estudio bíblico semanal?

    b. ¿Qué podríamos haber hecho mejor para generar más interés para que más mujeres se conviertan en una parte de la vida de la iglesia?

20. Agradezca a todos los contribuyentes del retiro. Busque maneras para celebrar lo que Dios ha hecho. En este caso, invite a un té para las damas que integraron el equipo del retiro, deles las gracias públicamente a cada una y comparta los resultados.

22. Cree un archivo que contenga sus proyectos, notas y revisiones de los resultados donde usted (o alguien más) pueda referirse a sus ideas para realizar un proyecto similar en el futuro.

Tabla 1 - Ejemplo de lista de tareas

Primer retiro de mujeres bautistas, 15 de mayo de 2043
Propósito: Atraer nuevos creyentes a la iglesia por medio de un retiro.
Presupuesto: $ 1000.00, 35 asistentes

#	Tarea	Responsable	Finaliza	Predecesor	Costo
1	Formar comités	Comité	4/8		$400
2	Elegir lugar	Comité	4/1		
3	Tema	Comité	4/1		
4	Establecer fechas	Comité	4/1		
5	Anunciar el domingo	Kerry	4/9		
6	Reservar el lugar	Marilyn	4/8		
7	Coordinación del transporte	Desha	4/29	1, 2, 4	
8	Planificar la adoración	Carla	4/15		
9	Reunir al equipo de adoración	Carla	4/15		
10	Ensayo programa de adoración	Carla	4/29	9	
11	Reunir al equipo de oración	Tanya	4/15		
12	Elegir y contactar maestro	Rosalyn	4/15	3	
13	Obtener el bosquejo del maestro	Rosalyn	4/29	12	
14	Elaborar horario	Comité	4/8		
15	Crear invitaciones y volantes	Jenny	4/15	8,12	$10
16	Último día para anunciar en la iglesia	Kerry	4/16		
17	Enviar invitaciones	Anna	4/19		$20
18	Elaborar el programa	Janice	5/6		$25
19	Inscribir a las asistentes	Harriet	5/6		
20	Planificar actividades sociales	Anna	4/22		
21	Enviar peticiones de oración al equipo de oración	Comité	5/6	11	
22	Planificar oración en grupo con los líderes	Tanya	4/22		
23	Revisar/evaluar retiro	Comité	6/8		

Tabla 2 - Ejemplo de proyecto gráfico

Título del proyecto **Alcance evangelístico 6/15/02**	*Versión: 1*	*Fecha: 3/15/02*

Definición del proyecto:	Realizar un alcance evangelístico en Oaklawn Para hacer conocida nuestra presencia en la comunidad, para ganar personas para Cristo y traerlas a nuestra Iglesia Compañersimo en Oaklawn.
Fecha para completar el proyecto:	15 de Junio, 2002
Líder del proyecto:	Angie
Miembros del equipo del proyecto:	Daren, Matt, Lyn, Audrey

Fases sugeridas y/o pasos:	*Fecha tope*
Preparación	
1. Reunión para discutir el evento, lugar, fecha, presupuesto, actividades, sonido, invitado, maestro de ceremonia, músicos, seguimiento, *Equipo*	3/15/02
2. Enviar invitaciones/solicitudes a los músicos/invitado/voluntarios, *DB*	3/19/02
3. Solicitar el uso del centro comunitario, y sillas/mesas de la asociación, *DB*	3/20/02
4. Planificar actividades, conseguir suministros y premios por cada actividad, *AP/MP*	3/22/02
5. Hacer un borrador del programa/horario; crear/copiar/distribuir volantes, *LC*	4/1/02
6. Planificar lo de la comida, preparar/limpiar (tipo, cantidad, servilletas), *AH/AP*	4/26/02
7. Hacer tarjetas de respuesta (para aquellos que quieren más información, entregar sus vidas a Cristo, etc.), *LC/AH*	5/10/02
8. Tener reunión con el equipo del proyecto para actualizar y clarificar, *Equipo*	5/29/02
Implementación	
9. Contactar al invitado/músicos con los detalles finales, *DB*	5/30/02
10. Distribuir volantes en el comunidad, *Equipo*	6/1 y 6/8
11. Comprar comida y suministros, *AH*	6/10/02
12. Escribir notas de gracias para el invitado/músicos y traerlas al evento, *LC*	6/12/02
13. Conseguir las mesas/sillas de la iglesia y colocarlas en el lugar, *DB/MP*	6/15/02
14. Traer el equipo de sonido, instalar y probar el equipo, *AP/AH*	6/15/02
15. Traer la churrasquera y suministros y la comida para la parrilla, *MP/LC*	6/15/02
16. Recibir al invitado *(DB)*, músicos *(AP/MP)*, y los voluntarios, *(AH/LC)*	6/15/02
17. Reunir todas las tarjetas de respuesta y darlas a Daren, *Equipo*	6/15/02
Cierre	
18. Doblar mesas y sillas, regresar el equipo de sonido/mesas/sillas y limpiar, *DB/MP*	6/15/02
19. Seguimiento a la gente que hizo su decisión, quiere más información, *Equipo*	6/16-6/19
20. Reunirse como equipo del proyecto y evaluar todos los aspectos del evento, *Equipo*	6/20/02

Fechas clave del proyecto:	1. Completar fase de preparación	5/29/02
	2. Completar fase de implementación	6/15/02
	3. Completar fase de cierre	6/20/02

Recursos necesarios para el proyecto:	1. Presupuesto para comida (¿Cuántas personas?) y actividades (¿Qué y cuántos?), Honorarios para el invitado y los músicos (¿Cuánto?) 2. Costo de crear y reproducir los volantes y alquiler del lugar
Comentarios, preguntas, preocupaciones:	1. ¿Estamos apuntándole a todos los de Oaklawn? ¿Deberíamos hacer la propaganda en papel? 2. ¿Queremos que alguno de la comunidad dé un testimonio de cómo conocieron a Cristo durante este evento? 3. ¿Qué haremos si llueve el día del evento?

◈

Notas

[1]Howard, Ron. 1995. *Apollo 13* (Apolo 13). http://www.scottlondon.com/insight/ scripts/wheatley.html. Burbank, CA: MCA Universal Pictures.

[2] Fast Company. March 2001. *Seven Secrets of Good Brainstorming* (Siete secretos de una buena lluvia de ideas) en www.fastcompany.com/change/change_feature/kelley.html.

[3] Salvendy, Gavriel, editor. 1982. *Handbook of Industrial Engineering* (Manual de Ingeniería Industrial). New York, NY: John Wiley and Sons, Inc, págs. 4, 3, 10.

[4] Baker, Sunny and Kim. 1998. *The Complete Idiot's Guide to Project Management* (Manual del Completo Idiota en Dirección de Proyectos). New York, NY: Macmillan Publishing, pág. 209.

Cómo implementar la visión en su ministerio

USTED TIENE una pasión por un nuevo ministerio. Cree usted que esto es de Dios. ¿Qué hará? ¿Cómo puede hacer de esta visión una realidad?

Primero, asegúrese que su visión sea de Dios, así Él lo conducirá. Confíe en Él para hacer el trabajo y en su dirección a pesar de sus debilidades o fracasos del pasado. Aprenda de las personas que Dios ha usado en las Escrituras. "Porque las cosas que se escribieron antes, para nuestra enseñanza se escribieron, a fin de que por la paciencia y la consolación de las Escrituras, tengamos esperanza" (Rom. 15:4).

Segundo, su pasión le ayudará a sobreponerse a través de los obstáculos que surjan en el camino. Si usted añade sabiduría a su pasión, fortalecerá su causa. Pero ninguna cantidad de sabiduría puede superar la falta de pasión.

Tercero, algunas visiones serán más grandes que otras. Algunas serán simples, de un solo evento. Otras serán grandes, otros son proyectos ambiciosos para toda la vida. Mientras la visión es más grande y compleja, la preparación y la planificación se hacen más necesarias, por lo que hay que tomar en cuenta las siguientes directrices recuerde aplicarlas según el nivel de complejidad de su visión.

Existen algunos principios claves que usted debe considerar para implementar su visión.

❖ *Sea capaz de comunicar la visión a otros.*

❖ *Reuna a las personas alrededor de usted para ayudarle a llevarla a cabo.*

❖ *Asuma el liderazgo de la visión y aplíquele energía continuamente.*

❖ *Esté dispuesto/a a comenzar con poco y dejarlo crecer.*

Comunicar la visión

La tarea debe ser lo suficientemente clara como para invitar a otros para unirse a usted.[1] Muy rara vez estarán involucrados con cualquier tarea del ministerio donde no se comunica la visión con claridad.

Cuando las empresas se refieren a un nuevo producto, ellos a menudo se refieren a las "4 P: Producto, Precio, Plaza (Lugar) y Promoción".[2] Las "4 P" es una fórmula eficaz para que usted comunique y ponga en práctica la visión.

Producto

¿Cuál es el producto que se desea producir? ¿Es un ministerio juvenil? ¿Es un retiro para adultos varones?

¿Iniciar una nueva iglesia? ¿Un ministerio de recuperación de drogadictos? Delinear claramente el propósito del ministerio o producto y lo que se intenta conseguir. Para esto, usted puede contestar estas sencillas preguntas:

1. ¿A quién sirve? Piense en las características de las personas que servirán en su ministerio. Sea específico en cuanto a edad, género, etnicidad u otras características de su grupo objetivo.

2. ¿Cuál es la fortaleza principal de este ministerio?

3. ¿Cuál es la principal manera de medir el éxito de este ministerio?

4. ¿Qué "próximos pasos" significativos se pueden tomar para mover el ministerio hacia adelante?

Precio

¿De qué manera las finanzas trabajarán en este ministerio? ¿Cuánto costará? Piense en todas las áreas de los recursos, incluyendo la gente que necesita, instalaciones, equipo y otras cosas que se enumeran específicamente en la Referencia C (Consulte "Control de Actividades o tareas").

Plaza (Lugar)

¿Cómo presentará su servicio a las personas que desean servir? En términos de negocios, se trata de la "distribución". ¿Tendrá gente que venga a su ubicación?

¿Tomará su atención? ¿Hay algo que físicamente les dará o se trata de un servicio?

Promoción
¿Cómo va a correr la voz a los que quiere servir? ¿Cómo conectará el producto con el grupo a quien quiere alcanzar?

Reúna a las personas a su alrededor
Usted necesitará ayuda para llevar a cabo su visión. Como mínimo, usted ciertamente necesitará apoyo en oración, financiero, y consejo profesional. Asimismo podría necesitar gente para ocupar otros papeles, y trabajen bajo su liderazgo.

Usted necesita acompañarse de personas con fortalezas que usted no posee. Probablemente no pueda poner en marcha su visión sin la ayuda de otras personas con diferentes conocimientos, experiencias y perspectiva.

Una vez que ha respondido con detenimiento a sus "4 P", puede comenzar a compartir la visión con los demás y ver lo que Dios trae a su equipo.

En algunos casos debe considerar trabajar bajo el liderazgo de alguna iglesia u organización existente. Es bueno tener cobertura espiritual para su protección y apoyar su liderazgo. Las iglesias y ministerios tienen una red de recursos de los cuales usted pueda disponer. Al iniciar su propio ministerio puede ser muy difícil y abrumador.

Aprender de los demás y disfrutar de su compañerismo puede ser una experiencia alentadora.

Asuma el liderazgo

Una vez que vea a las personas unirse, es importante proporcionar energía persistente a la tarea. Las personas a su alrededor pueden desalentarse. Otros se retiran. Usted debe continuar articulando la visión y proporcionar un liderazgo claro. Lo conseguirá al plantearse las siguientes cuatro preguntas:

1. ¿A quién sirve?

2. ¿Cuál es la fortaleza principal de su ministerio?

3. ¿Cuál es la manera principal de medir el éxito de este ministerio?

4. ¿Qué "próximos pasos" significativos se pueden tomar para mover el ministerio hacia adelante?

En cada paso de su viaje, necesitará revisar estas preguntas y ajustarlas a las condiciones cambiantes.

Empiece en pequeño

Un plan piloto es una excelente manera de iniciar proyectos. Inicie con algo pequeño y vea cómo funciona. Pida retroalimentaciones. Si es fructífero, intente algo más grande.

Por ejemplo, más que iniciar un ministerio en una prisión, intente visitar una prisión unas cuantas veces y vea si sus visitas son productivas. Entonces amplíe a algo más formal.

Piense en el principio de Jesús acerca de la semilla de mostaza. El Reino empieza pequeño e invisible. Pero crece a algo que puede ser visto y disfrutado por todos. Inicie su visión en pequeña escala y sea paciente. Dios puede hacerlo crecer con el tiempo. Dios es capaz de prender una gran hoguera de una pequeña chispa. Las visiones que son de Dios serán atractivas, y la gente se unirá donde vean a Dios obrando.

◇

Notas

[1] Buckingham, Marcus. 2005. *The One Thing You Need to Know.* (La única cosa que usted necesita saber) New York, NY: Free Press, pág. 197.

[2] McCarthy, E. Jerome. 1981. *Basic Marketing: A Managerial Approach.* (Mercadotecnia básica: Una acercamiento directivo) 7ª ed. Homewood, IL: Richard D. Irwin.

¿CÓMO PUEDE saber si su visión es de Dios o sólo es su propia idea?

Entender el panorama general

A fin de entender la voluntad de Dios, usted necesita un firme entendimiento de sus propósitos en el mundo. Si usted inicia desde su propia perspectiva, iniciará desde un punto de referencia que es demasiado pequeño para darle orientación. Usted podrá confundirse, sobreestimando su importancia y perderá la dirección. Usted tiene que empezar con *lo que es importante para Dios* y en entender cómo encaja todo en su gran diseño.

Los navegantes nunca usan su propia ubicación como un punto de referencia, sino que usan puntos fijos como el Norte, el Sol o la Estrella Polar del Norte. De la misma manera, usted nunca debe empezar con sus propias experiencias para discernir la voluntad de Dios. En su lugar use el plan inmutable de Dios, revelado en su Palabra, como su punto de referencia fijo.

El reino de Dios fue el principal interés de Jesús.[1] Él nos instruyó a "buscar primero su Reino" (Mt. 6:33).

El Reino es la historia de Jesús:

285

❖ *La conquista sobre su enemigo. Luego el fin, cuando entregue el reino al Dios y Padre, cuando haya suprimido todo dominio, toda autoridad y potencia. Porque preciso es que él reine hasta que haya puesto a todos sus enemigos debajo de sus pies (1 Cor. 15:24-25).*

❖ *El rescate de las personas del reino de las tinieblas. El cual nos ha librado de la potestad de las tinieblas, y trasladado al reino de su amado Hijo (Col. 1:13).*

❖ *La coronación donde Él reina para siempre. Los reinos del mundo han venido a ser de nuestro Señor y de su Cristo; y él reinará por los siglos de los siglos. (Ap. 11:15).*

Nuestras vidas necesitan ser guiadas alrededor de los propósitos de su Reino.

Ser un sacrificio vivo

Cuando usted comprende el panorama general, reconoce que su papel es para representar a Cristo en el mundo, "conformes a la imagen de su Hijo" (Rom. 8:29). Cuando usted se entrega a sí mismo a la tarea de representar a Cristo y a su Reino, no importando el costo, usted está en un lugar para iniciar a comprender su voluntad. Romanos 12:1-2 dice:

Así que, hermanos, os ruego por las misericordias de Dios, que presentéis vuestros cuerpos en sacrificio vivo, santo, agradable a Dios, que es vuestro culto racional. No os conforméis a este siglo, sino transformaos por medio de la renovación de vuestro entendimiento, para que comprobéis cuál sea la buena voluntad de Dios, agradable y perfecta.

Sólo cuando usted se hace a sí mismo un sacrificio vivo, diciendo: "Sí Señor", incluso antes de haber escuchado su asignación, usted estará claro sobre su voluntad. Mientras negocie su obediencia, será poco probable que le revele su voluntad.[2]

Creciendo en la intimidad con Cristo

A medida que intente ser un mejor sacrificio vivo, podrá crecer en su conocimiento de Cristo, aprender a reconocer su voz. John White escribe sobre la "dirección" en su libro *"La Lucha"*[3] y dice: "aunque la Biblia nunca usa la palabra dirección, habla acerca de ella. Usted puede buscar dirección, pero Dios desea darle algo mejor: Él mismo". Conforme usted camina con Cristo y llega a conocerlo mejor, su capacidad de discernir su voz se agudiza. Usted aprende lo que le agrada a Él". Jesús dijo "mis ovejas oyen mi voz" (Jn. 10:27).

Jesús envió al Consolador, el Espíritu Santo, a enseñarnos todas las cosas y recordarnos todo lo que Jesús dijo (Jn. 14:26). Él nos guía en hacer decisiones que honran a Dios, pero a la vez nos consuela en nuestras tristezas. Nosotros tenemos al Guía, quién tanto nos proporciona, dirección y consuelo.

Una vez usted comprende el total propósito del Reino de Dios, usted puede vivir su vida cristiana dentro de aquel propósito. Mientras continúa creciendo en el íntimo conocimiento de Dios, por medio de la confianza en el Espíritu Santo, hay algunas cosas concretas a considerar en el entendimiento de la voluntad de Dios para sus circunstancias específicas.

Aplique la Escritura
Su fuente primaria para guiarse debe venir de la Escritura.

Toda la Escritura es inspirada por Dios, y útil para enseñar, para redarg:uir, para corregir, para instruir en justicia, a fin de que el hombre de Dios sea perfecto, enteramente preparado para toda buena obra.
~ 2 Timoteo 3:16-17

Muchas preguntas son fácilmente respondidas en la Biblia. "¿Con qué limpiará el joven su camino? Con guardar tu palabra. En mi corazón he guardado tus dichos, para no pecar contra ti" (Sal. 119:9, 11). Esto es esencial para ser diligente en su estudio de la Palabra, para conocer su mente.

Discierna sus pasiones
En tanto que Dios puede revelar Su voluntad de una manera directa, como hizo con tantos personajes bíblicos como Moisés y Noé, Él frecuentemente revela su voluntad a través de las pasiones que desarrollamos por el

ministerio. La idea del Templo para Dios surgió del corazón mismo de David. Ezequías organizó una gran celebración pascual, estaba motivado por su gratitud a Dios. Usted puede desarrollar cientos de innovadoras maneras de adorar a Dios y darlo a conocer. Tome seriamente sus pasiones creativas.

Preste atención al descontento
Una señal especialmente importante es el persistente descontento con una situación existente. Recuerde las palabras de David sobre el Templo: "Mira ahora, yo habito en casa de cedro, y el arca de Dios está entre cortinas" (2 Sam. 7:2). Su malestar con el presente estado de las cosas puede ser un buen indicio de algo que Dios desea hacer a través de usted.

Use sus dones
Dios dotó a todos los creyentes para que funcionaran en su obra, para edificar su cuerpo (Rom. 12:3-8; 1 Cor. 12; Ef. 4:11-13). Así como Dios es el dador de los dones y puede dar a cualquiera nuevos dones en cualquier momento, así usted será típicamente guiado en los proyectos basados en su dones del pasado. Dios usará sus dones para cumplir su tarea. Frecuentemente podrá reconocer la mano directriz de Dios si envuelve algo dentro de sus dones.

Escuche a la autoridad espiritual
Estando situado usted mismo bajo la autoridad del cuerpo de una iglesia, ponga especial atención a su liderazgo.

Usted necesita someterse a su autoridad, puesto que ellos son responsables por su bienestar.

> Obedeced a vuestros pastores, y sujetaos a ellos; porque ellos velan por vuestras almas, como quienes han de dar cuenta; para que lo hagan con alegría, y no quejándose, porque esto no os es provechoso.
>
> ~ Hebreos 13:17

Si usted tiene una visión para el ministerio y sus líderes no confirman la dirección de Dios en ello, usted necesita poner cuidadosa atención a esta "banderola roja o luz roja". Dios es capaz de hacer que su voluntad sea conocida por medio de la afirmación (o falta de afirmación) de los líderes devotos sobre usted.

Reciba el consejo del cuerpo de Cristo

Usted puede fácilmente engañarse a sí mismo acerca de sus propios motivos. También puede entramparse diciendo que cualquiera cosa es de Dios, cuando realmente vienen de sus propios deseos, aún cuando la idea misma parezca desinteresada. Usted puede "sentir una paz" sobre algo después de un tiempo de oración o ayuno. Pero usted todavía puede engañarse en hacer lo que usted quiere, hasta después de la sincera oración y reflexión sobre la Palabra de Dios. Por eso usted necesita la entrada de hermanos y hermanas que le conozcan bien, y orientar sus intenciones. "Engañoso es el corazón más que todas las cosas, y perverso; ¿quién lo conocerá?" (Jer. 17:9). "No hay quien haga lo bueno, no hay ni siquiera uno" (Rom. 3:12).

Busque un consejero antes de tomar una decisión. "Los pensamientos son frustrados donde no hay consejo; mas en la multitud de consejeros se afirman" (Pr. 15:22). Sus amistades pueden tener grandes ideas para ayudarlo a discernir la voluntad de Dios.

Cuando usted considere el consejo de otro, recuerde que está haciendo una decisión final. Usted es responsable de sus propias acciones. Usted no debe "culpar" al consejero por su asesoramiento. Tome su decisión y viva con el resultado.

Observe las circunstancias

Mucha gente mira las circunstancias y dice: "Ésta debe ser la voluntad de Dios, mira lo que está pasando". Tenga mucho cuidado en basar la dirección de Dios sólo en las circunstancias. Las circunstancias deben ser lo último, por lo menos, de todas las medidas para discernir la voluntad de Dios. Su voluntad puede ser la de ir totalmente en contra de las actuales circunstancias. Una puerta cerrada puede significar que usted necesita perseverar para abrirla. Una puerta abierta puede ser un distractor tentador.

Considere la confirmación de otros

A veces la confirmación viene de personas no creyentes, que le darán una palabra sabia de consejo. Dios puede hablar incluso a través de fuentes no cristianas o seculares.

Pero usted debe tener cuidado de discernir si se trata de la confirmación del consejo bíblico o simplemente un mundano asesoramiento.

Aprenda de su experiencia pasada

Mucha de nuestra experiencia en entender la voluntad de Dios, y escuchar su voz, viene a través de los años de aprender de sus errores. Cuando usted actúa sobre algo, Dios puede revelar ya pasada la ocasión, que usted está realmente actuando fuera, en sus propias motivaciones, más que en la voluntad de Dios. Pero Él es bondadoso con usted, usando sus oportunidades para ayudarle a crecer. Usted puede corregir sus errores, y hasta podría ser atrevido en probar cosas para Él. No permita que el temor lo dirija.

Confiar en Dios para que le/la guíe, aún en medio de sus errores personales, es la clave para discernir su voluntad. "Fíate de Jehová de todo tu corazón, Y no te apoyes en tu propia prudencia. Reconócelo en todos tus caminos, Y él enderezará tus veredas (Pr. 3:5-6).

Usted puede confiar en que Él le dará sabiduría. "Y si alguno de vosotros tiene falta de sabiduría, pídala a Dios, el cual da a todos abundantemente y sin reproche, y le será dada (Stgo. 1:5).

Conozca el panorama general, sea un sacrificio vivo, crezca en la intimidad con Cristo, aplique las Escrituras a su situación. Entienda sus pasiones, ponga atención a su descontento, y use sus dones espirituales. Ponga atención a la autoridad espiritual y reciba consejo del cuerpo de Cristo. Observe las circunstancias de cada caso, y considere la confirmación de otros. Aprenda de sus experiencias pasadas, experimente y quede entregado a la ardiente alegría por el Señor.

Para lecturas adicionales

Bosquejos de un estilo de vida que reconoce el liderazgo de Dios del libro *Mi experiencia con Dios* de Henry Blackaby.

◆

Notas

[1] Ladd, George E. 1985. *El Evangelio del Reino*, Miami: Editorial Vida.

[2] Jonás es una notable excepción. Pero la historia de Jonás ejemplifica cómo Dios es capaz de disciplinarnos al punto de la obediencia a su liderazgo. Note que Dios no envió a Jonás hasta que se entregó a Dios en el vientre del gran pez (Jonás 2). Luego Jonás fue vomitado hasta la playa en donde le fue otorgada otra oportunidad para hablar a Nínive (Jonás 3:1).

[3] White, John. 1976. *The Fight* (La lucha). Downers Grove, IL: InterVarsity Press, página 154.

[4] Blackaby, Henry, y Claude King. 1990. *Experiencing God* (Mi experiencia con Dios). Nashville, TN: LifeWay Press. Sus principales puntos son:
  - ◇ Dios siempre está funcionando alrededor de usted.
  - ◇ Dios mantiene una continua relación amorosa con usted, que es real y personal.
  - ◇ Dios le invita a involucrarse con Él en Su obra

⬦ Dios habla por su Espíritu Santo a través de la Biblia, la oración, las circunstancias y la Iglesia para revelarse a sí mismo, sus propósitos y sus caminos.

⬦ La invitación de Dios a trabajar con él siempre le dirige a una crisis de creencia que requiere fe y acción.

⬦ Usted debe tomar ajustes mayores en su vida para unirse a Dios en lo que él está haciendo.

¿Qué si
no tengo pasión?

EL ÚNICO más grande aspecto del liderazgo es la pasión para conducir a otros hacia la visión. La verdad simple es: sin pasión no hay liderazgo. Ninguna cantidad de sabiduría, planificación, o inteligencia puede compensar la falta de pasión. Sin pasión el esfuerzo se quedará corto.

Como líder, usted debe tener un enfoque unilateral de la visión; una energía consistente que le conduzca hacia la tarea.

La pasión lo obligará a llegar a innovar maneras de progresar hacia la visión. La pasión es la fuente de la innovación. Es esta fuerza interior que provoca sed por la sabiduría que culminará en eficacia. Pero ¿qué si usted se encuentra a sí mismo con falta de pasión y motivación?

Alabe
Sin ninguna duda, la manera más grande para aumentar su pasión es la práctica de una persistente actitud hacia la alabanza.[2] La alabanza cambia el enfoque de su atención de pensar en usted mismo y concentrarse en quién es Dios. Alabar es la razón por la que usted fue creado. Cuando usted alaba a Dios, usted cumple en su propósito más elevado. La alabanza le permite a Dios renovar su espíritu y

pasión. Cuando usted alaba, usted está en una posición para recibir el conocimiento de Dios, llenándose de gozo sobreabundantemente no importando las circunstancias.

Pida a Dios
Pida a Dios por una pasión renovada. "Pues si vosotros, siendo malos, sabéis dar buenas dádivas a vuestros hijos, ¿cuánto más vuestro Padre que está en los cielos dará buenas cosas a los que le pidan?" (Mt. 7:11). "Bienaventurados los que tienen hambre y sed de justicia, porque ellos serán saciados. (Mt. 5:6).

Pregunte a Dios si hay alguna relación quebrantada con Él, que podría hacer que su amor por Él se vaya enfriando. (Ap. 2:4).

Los fundamentos
Preste atención a lo esencial: ¿Está usted logrando dormir y hace ejercicio lo suficiente? Los asuntos simples en materia de salud pueden hacer la diferencia significativa en cómo mira usted su vida y ministerio.

Si le ha preguntado a Dios por pasión, y ha verificado su vida de que no hay pecado que obstruya su relación con Dios, siga siendo obediente a lo que usted sabe. Espere la pasión que viene. Muchas veces, el pueblo de Dios va por períodos de sequía espiritual temporal que distorsionan su conocimiento del Señor. Dios desea que perseveremos incluso cuando no nos sentimos como Él.

La receta de Pedro

2 Pedro 1:3-7 bosqueja el proceso que lo guarda de ser "ineficaz e improductivo" en el conocimiento de nuestro Señor Jesucristo:

> Como todas las cosas que pertenecen a la vida y a la piedad nos han sido dadas por su divino poder, mediante el conocimiento de aquel que nos llamó por su gloria y excelencia, por medio de las cuales nos ha dado preciosas y grandísimas promesas, para que por ellas llegaseis a ser participantes de la naturaleza divina, habiendo huido de la corrupción que hay en el mundo a causa de la concupiscencia; vosotros también, poniendo toda diligencia por esto mismo, añadid a vuestra fe virtud; a la virtud, conocimiento; al conocimiento, dominio propio; al dominio propio, paciencia; a la paciencia, piedad; a la piedad, afecto fraternal; y al afecto fraternal, amor.

Al llegar a un lugar seco, se debe persistir en avanzar, en busca de la fe, virtud, conocimiento, dominio propio, paciencia, piedad, afecto fraternal y amor.

Cuando se camina en obediencia a Cristo, la pasión y emoción seguirán a su obediencia. "Mas buscad primeramente el reino de Dios y su justicia, y todas estas cosas os serán añadidas" (Mt. 6:33). Usted recuperará su "chispa" de nuevo.

◊

Notas

[2] Davis, Dr. Don. 2003. *School for Urban Cross Cultural Church Planting*. (Escuela de plantación de iglesias urbanas transculturales). Wichita, KS: World Impact Press.

Visión versus Metas:
¿Cuál es la diferencia?

¿Qué, pues, es Pablo, y qué es Apolos?
Servidores por medio de los cuales habéis creído;
y eso según lo que a cada uno concedió el Señor.
Yo planté, Apolos regó; pero el crecimiento lo ha dado Dios.
Así que ni el que planta es algo, ni el que riega,
sino Dios, que da el crecimiento.
Y el que planta y el que riega son una misma cosa;
aunque cada uno recibirá su recompensa conforme a su labor.
~ 1 Corintios 3:5-8

VISIÓN ES un cuadro de lo que Dios arraiga en su corazón. Metas son las cosas que usted hace en respuesta. Hay cosas que sólo Dios hace, pero él también elige usar sus esfuerzos para cumplir su tarea.

El hombre planta y riega pero Dios da el crecimiento. Dios planta las iglesias, pero el hombre evangeliza, equipa y se fortalece a través de varios proyectos. El hombre cuida la planta hasta que ésta pueda subsistir por sí sola, pero Dios determina el crecimiento.

Un peligro es que usted pueda sobre espiritualizar o minimizar el papel que usted juega y "poner todo en las manos de Dios". El otro peligro es que usted pueda poner mucho énfasis sobre su propio esfuerzo y sabiduría, y querer salir adelante sin Dios.

Una vez que usted haya desarrollado una visión para un proyecto, se diseñan pasos de acción concretos para que esa visión venga a la realidad. Estos pasos de acción son llamadas *metas*.

Por ejemplo, si su proyecto es realizar una boda, usted tiene una imagen en su mente, una visión, de lo que ocurrirá. Luego, en respuesta a esa visión, usted tomará medidas para hacerla realidad. Puede construir un mensaje, determinar el orden de servicio, asignar a alguien para alojar la novia y su séquito, etc.

Estas metas son pasos que usted toma hacia la visión. El resultado último está más allá de su control, pero usted toma la responsabilidad de las cosas que usted *puede* controlar.

Dios lleva a cabo la visión. Usted responde a la visión persiguiendo las metas.

Persona	Tarea	Situación cuando fue llamado/a	Mensaje/ Mensajero/a
Noé Génesis 6-9	Construir el Arca y salvar a todas las criaturas vivientes	500-600 años	Directo de Dios
Abraham Génesis 12-22	Dejar su tierra e ir a un lugar que Dios le mostraría. Creerle a Dios la promesa de hacerle una gran nación. Sacrificar a su hijo en el monte Moriah.	75 años	Dios en una visión
José Génesis 37-50	Salvar a Israel de la hambruna como gobernador de Egipto	Un joven	Sueños que predicen su destino, después interpretando sueños como un esclavo en la prisión
Moisés Éxodo 2-14	Conducir a Israel fuera de la esclavitud en Egipto	Pastor fugitivo en el desierto	Dios en una zarza ardiendo
Moisés Números 1, 26	Conducir un censo con ayuda de los jefes tribales	Líder de Israel	Directo de Dios
Moisés Éxodo 25-31	Construyó el Tabernáculo y el Arca	Líder de Israel	Directo de Dios

Persona	Tarea	Situación cuando fue llamado/a	Mensaje/ Mensajero/a
12 espías Números 13-14	Explorar la tierra que Dios había dado a Israel	Líderes en cada tribu	Dios a través de Moisés
Josué Josué 1-24	Conquista de Canaán	Segundo en el mando al servicio de Moisés	Directo de Dios
Josué Josué 2-6	Conquista de Jericó	Líder recientemente designado de Israel	Ángel
Débora y Barac Jueces 4	Derrota del ejército de Jabín y el rey de Canaán con 10,000 hombres	Profetisa y Líder de Israel	De Dios por medio de la Profetisa y Jueza
Gedeón Jueces 6-8	Salvó a Israel de Madián	Trillando el trigo	Ángel
Jefté Jueces 11-12	Derrota de los amonitas	En el exilio por ser hijo de una prostituta	Por medio de la invitación de los líderes
Sansón Jueces 13-16	Derrotar de los filisteos	Apartado desde el nacimiento	Ángel
David 1 Samuel 17	Derrotar a Goliat	Humilde pastor cuando es ungido rey, aún sin revelar	Pasión propia

Persona	Tarea	Situación cuando fue llamado/a	Mensaje/ Mensajero/a
David y Salomón 2 Samuel 7; 1 Reyes 5-9; 1 Crónicas 22, 28	Construir el Templo	Rey de Israel	Pasión propia
Ezequías 2 Crónicas 29:1-31:1	Celebrar la Pascua para conmemorar la restauración del Templo	Rey de Israel	Pasión propia
Joás y Joiada 2 Reyes 12	Reparar el Templo	Rey y sacerdote de Israel	Pasión propia
Ester Ester 1-10	Salvar a Israel de la extinción	Huérfana en el exilio	A través de su líder y circunstancias
Ciro y Zorobabel Esdras 1-10, Hageo 1-2; Zacarías 1-14	Reconstruir el templo	En el exilio	El Rey Ciro fue movido por la profecía de Jeremías
Nehemías Nehemías 1-13	Reconstruir el muro de Jerusalén	En el exilio como copero sirviendo al rey	Pasión propia
Jonás Jonás 1-5	Predicar a los ninivitas	Profeta	Dios

303

Persona	Tarea	Situación cuando fue llamado/a	Mensaje/ Mensajero/a
María y José Mateo 1, Lucas 1	Criar al Mesías	Pareja joven de Nazaret comprometida en matrimonio	Ángel (María) Ángel en un sueño (José)
José Mateo 2	Huir para Egipto y regresar en un largo tiempo	Esposo y padre joven	Ángel en un sueño
72 Discípulos Lucas 10:1-17	Predicar las Buenas Nuevas	Seguidores de Jesús	Jesús
Jesús 1 Juan 3:8; Evangelios; Ef. 3:11-12; Col. 1:13-14	Destruir las obras del diablo; sufrir y morir en lugar nuestro	Judío de familia del carpintero en un establo de Belén	El Padre
Pablo y Bernabé Hechos 8; 13:1-3	Misión al Asia Menor; Interrumpido en un número de jornadas misioneras separadas	Plantar una iglesia en Antioquía (antiguo perseguidor de la iglesia)	El Espíritu Santo a través de la palabra profética
Felipe Hch. 8:26-40	Ir al camino de Gaza	Diácono de la iglesia de Jerusalén	Ángel
Pedro Hechos 10	Predicar a Carnelio (Gentiles)	Apóstol líder en Jerusalén	Visión

Persona	Tarea	Situación cuando fue llamado/a	Mensaje/ Mensajero/a
Pablo y Bernabé Hechos 11:27-30	Enviar ofrenda a la iglesia en Judea	Líderes en la iglesia de Antioquía	El Espíritu Santo a través de palabra profética y la propia iniciativa de los líderes
Los apóstoles Mateo 28:8-10	La Gran Comisión	Los apóstoles	Jesús

Desarrollando
hábitos de sabiduría

COMO CUALQUIER OTRA HABILIDAD, usted puede mejorar su capacidad para ser sabio/a. Aunque la sabiduría es un regalo de parte de Dios, usted podría también ser un/a buen/a administrador/a para trabajar duro y desarrollar su sabiduría.

La tabla de abajo enlista quince preguntas clave, cubriendo seis principios, que son útiles cada vez que usted vaya a través del proceso de hacer decisiones, resolver problemas, o diseñar proyectos de ministerio. Entre más utilice estas preguntas, llegará a ser más efectivo/a. Estas preguntas son una ligera modificación del libro de Christian Schwartz, *"Las 8 características básicas de una iglesia saludable"*.[1]

Principio:
Reacción en cadena (1 Corintios 12, el cuerpo)
Característica:
Sensible
Descripción:
Los ministerios están interconectados unos con otros, los cambios de uno afectarán a los otros
Preguntas clave:
1. ¿Cuáles son algunas consecuencias imprevistas?
2. ¿Cuáles son las implicaciones a corto y a largo plazo?

Principio:

Multiplicación (Juan 12:24 "si el grano de trigo no cae en la tierra y muere, queda solo; pero si muere, lleva mucho fruto".)

Característica:

Visionario/a

Descripción:

Los organismos saludables no crecen infinitamente, sino se reproducen en sí mismos.

Preguntas clave:

1. ¿Hay alguna manera para hacer que esto contribuya a la multiplicación, en lugar de una simple adición?
2. ¿Podemos mirar en producir un grupo en vez de un undividuo?

Principio:

Redención (Hechos 17, Pablo y el "dios no conocido")

Característica:

Oportunista

Descripción:

Uso de energía (positiva y negativa) para cumplir los propósitos de Dios

Preguntas clave:

1. ¿Cómo podemos usar una mala situación y tornarla en una oportunidad?
2. ¿Cómo podemos construir el momento de una buena situación?
3. ¿Estamos usando fuerzas o luchando contra ellas?

Principio:

Dos pájaros de un tiro (Éxodo 18, el principio de Jetro)

Característica:

Eficaz

Descripción:

Intente acompañar múltiples propósitos con un solo esfuerzo (por ejemplo hacer ministerio Y desarrollar líderes)

Preguntas clave:

1. Ya que estamos gastando energía para hacer esto, ¿qué otros objetivos podríamos lograr simultáneamente?

2. ¿Qué podemos hacer una vez que minimice hacer lo mismo repetidamente?

Principio:

Ganar-ganar (1 Samuel 20, David y Jonatán)

Característica:

Sinérgica

Descripción:

Organismos diferentes trabajan juntamente y se benefician mutuamente (ejemplo: el rinoceronte y el pájaro)

Preguntas clave:

1. ¿Cómo pueden trabajar juntos diferentes personas y ministerios hacia esta meta o problema?

2. ¿Cómo promovemos la cooperación y minimizarmos la competencia?

3. ¿Cómo podrían las personas o los diferentes ministerios beneficiarse al trabajar mutuamente?

> **Principio:**
> Comprobando el fruto (Juan 15, La Vid y los pámpanos)
> **Característica:**
> Efectiva
> **Descripción:**
> Compruebe el fruto por podar, remover o cultivar
> **Preguntas clave:**
> 1. ¿Cuál es el resultado propuesto?
> 2. ¿Cómo nos aseguranos que el tiempo y el esfuerzo contribuyen hacia el resultado deseado (más que la actividad sola por el bien de la actividad)?
> 3. Para obtener los resultados deseados, ¿qué podríamos abandonar? ¿Retener? ¿Agregar?

1. ¿Cuáles son algunas consecuencias imprevistas?
2. ¿Cuáles son las implicaciones a corto y a largo plazo?
3. ¿Hay alguna manera de hacer que esto contribuya a la multiplicación, en lugar de la simple adición?
4. ¿Podemos mirar la producción de un grupo, más que la de un individuo?
5. ¿Cómo podemos usar una mala situación y tornarla en una oportunidad?
6. ¿Cómo podemos construir sobre la atmósfera de una buena situación?
7. ¿Estamos usando fuerzas o luchando contra ellas?
8. Ya que estamos gastando energía para hacer esto, ¿qué otros objetivos podríamos lograr simultáneamente?
9. ¿Qué podemos hacer una vez que minimice, hacer lo mismo repetidamente?
10. ¿Cómo pueden trabajar juntos diferentes personas y ministerios hacia esta meta o problema?
11. ¿Cómo promovemos la cooperación y minimizamos la competencia?

12. ¿Cómo podrían las personas o los diferentes ministerios beneficiarse al trabajar mutuamente?
13. ¿Cuál es el resultado propuesto?
14. ¿Cómo nos aseguranos que el tiempo y el esfuerzo contribuyen hacia el resultado deseado (más que la actividad sola por el bien de la actividad)?
15. Para obtener los resultados deseados, ¿qué podríamos abandonar? ¿Retener? ¿Agregar?

Diferentes personas con diferentes personalidades y dones espirituales tienden a enfatizar diversos principios. Aquellos que son especialmente sensibles a los demás están más acordes al Principio de la "Reacción en cadena", mientras que quienes son de mentalidad empresarial gravitarán hacia el principio "Redentor". Dependiendo de la magnitud de su proyecto o decisión, es sabio buscar el consejo de la gente que es sobre todo dotada en cada uno de estos principios, a fin de conseguir un panorama completo de las implicaciones de su decisión.

◆

Notas

[1] Schwartz, Christian. 1996. *Las 8 características básicas de una iglesia saludable*. Barcelona: Editorial Clie. Págs. 66-77.

World Impact y
El Instituto Ministerial Urbano (TUMI)

World Impact

World Impact es una organización misionera cristiana dedicada a ministrar el amor de Dios en los barrios pobres de Estados Unidos de América. Nuestro propósito es honrar y glorificar a Dios y deleitarnos en Él en el interior del país a través de conocer y dar a conocer a Dios. Los ministerios de *World Impact* cruzan culturas para llegar a las personas no alcanzadas por el Evangelio de Jesucristo, a través de la evangelización, el seguimiento, discipulado y plantación de iglesias autóctonas. *World Impact* fortalece el discipulado urbano y entrena liderazgo para el avance del Reino de Dios. Nuestro ministerio es:

Encarnacional: Nuestros misioneros viven en las comunidades donde ministran.

Evangélica: Presentamos a Cristo a personas sin iglesia, a través de clubes bíblicos, estudios bíblicos y reuniones de adoración.

Orientado al discipulado: Nutrimos a la gente hacia la madurez en Cristo y les entrenamos para enseñar a otros.

Compasivo: Demostramos el Evangelio que confesamos proveyendo:

⋄ *Escuelas cristianas de primaria y secundaria*
⋄ *Comida, ropa, medicinas y refugio en casos de emergencia*
⋄ *Campamentos cristianos y retiros*
⋄ *Formación profesional*
⋄ *Tutorías*
⋄ *Programas de deportes y recreación*
⋄ *Clínicas médicas y dentales*

Contáctenos:

www.worldimpact.org
2001 South Vermont Ave.
Los Angeles, CA 90007
323-735-1137
323-735-2576 (fax)
info@worldimpact.org

El Instituto Ministerial Urbano *(The Urban Ministry Institute-TUMI)*
El Instituto Ministerial Urbano (TUMI) es una institución de entrenamiento que existe para equipar a líderes para la Iglesia Urbana, especialmente entre los pobres, para avanzar el Reino de Dios.

Equipar líderes
Aunque vivimos en una cultura donde los líderes son abiertamente irrespetuosos y la idea de liderazgo es vista como algo opresor, creemos que los líderes son de importancia fundamental, especialmente en la vida de la Iglesia de Dios. Los líderes pueden ser formales o

informales, pastores o laicos, hombres o mujeres. Pueden ser padres o madres, evangelistas, misioneros, maestros de escuela dominical, líderes de adoración, o alguien que visita enfermos. Estamos interesados en cualquiera a quien Dios haya dotado y llamado para liderar en su iglesia en cualquier nivel de responsabilidad.

Para la iglesia urbana

Creemos fuertemente que el ministerio efectivo no puede tener lugar fuera del Cuerpo de Cristo, El Instituto Ministerial Urbano (TUMI) está comprometido a enriquecer los alcances de las congregaciones urbanas y de sus líderes-siervos. Todos nuestros programas y materiales están diseñados para equipar a hombres y mujeres para servir en el contexto de una asamblea local.

La mitad de las personas están viviendo hoy día en las ciudades y su número está constantemente en crecimiento. Esto requiere un enfoque especial de parte de las iglesias urbanas, especialmente en aquellas áreas las cuales han sido históricamente descuidadas o tienen grandes concentraciones de personas quienes no han sido alcanzadas con el Evangelio de Cristo.

Especialmente entre los pobres

Creemos que Dios ha "elegido aquellos quienes son pobres en el mundo para que sean ricos en fe y herederos del reino que ha prometido a los que le aman" (Santiago 2:5). Si usted es rico o pobre o de clase media, nosotros creemos que Jesús ha dado a todos los creyentes un mandato teológico que prioriza a los pobres en su vida y ministerio.

Dios está levantando líderes que irán a los millones de personas no alcanzadas entre los pobres urbanos tanto en Estados Unidos de América como alrededor del mundo. Todos ellos merecen tener acceso a la educación teológica de calidad.

Para avanzar el Reino de Dios

La Iglesia de Jesucristo es el agente del Reino de Dios, encargada para funcionar como sal y luz en medio de un mundo corrupto y decadente. La libertad, integridad y justicia del Reino de Dios debe ser encarnada y proclamada por la Iglesia. La comunidad de la iglesia es responsable de mostrar lo que el "Gobierno de Dios" se parece ya que esto incluye a las personas que reconocen el señorío de Cristo. El Instituto Ministerial Urbano (TUMI) está dedicado a ayudar a las iglesias a hacer el Reino de Dios visible en todas las dimensiones de la vida de la comunidad cristiana.

Contáctenos:

www.tumi.org

3701 E. 13th Street Wichita, Kansas 67208

info@tumi.org

316-681-1317

316-681-1316 (fax)

Obras citadas

Ambrose, Stephen. 1996. *Undaunted Courage*. New York: Simon and Schuster.

Baker, Sunny and Kim. 1998. *The Complete Idiot's Guide to Project Management*. New York: Macmillan Publishing.

Barna, George. 1992. *The Power of Vision*. Ventura, CA: Regal Books.

Blackaby, Henry, and Claude King. 1990. *Experiencing God*. Nashville, TN: LifeWay Press.

Buckingham, Marcus. 2005. *The One Thing You Need to Know*. New York, NY: Free Press.

Burns, Ken. 1997. *Lewis and Clark: The Journey of the Corps of Discovery*. Burbank, CA: PBS Home Video.

Charlton, James, ed. 2002. *The Military Quotation Book*. New York: St. Martin's Press.

Collins, Jim. 2001. *Good to Great*. New York, NY: HarperCollins Publishers.

Davis, Don. 2003. *School for Urban Cross Cultural Church Planting*. Wichita, KS: World Impact Press.

------. 2005. *World Impact Focus and Identity*. Lake Hughes, CA: World Impact Press.

DePree, Max. 1989. *Leadership Is an Art*. New York, NY: Dell Publishing.

Easum, Bill. 1997. *Growing Spiritual Redwoods*. Nashville, TN: Abingdon.

Fast Company. March 2001. "Seven Secrets of Good Brainstorming." www.fastcompany.com/ change/change_feature/kelley.html

Goodstein, Leonard, Timothy Nolan, and J. William Pfeiffer. 1993. *Applied Strategic Planning*. New York, NY: McGraw-Hill.

Gothard, Bill. 1979. *Basic Seminar Textbook*. Oak Brook, IL: Institute for Basic Youth Conflicts.

Hammonds, Keith H. June 2002. *The Strategy of the Fighter Pilot*. Fast Company.

Howard, Ron. 1995. *Apollo 13*. http://www.scottlondon.com/insight/scripts/wheatley.html. Burbank, CA: MCA Universal Pictures.

Insight and Outlook. November 1996. "The New Science of Leadership: An Interview with Margaret Wheatley." http://www.scott london.com/insight/scripts/wheatley.html.

Kennedy, John F. May 25, 1961. *Special Message to the Congress on Urgent National Needs*.

Labovitz, George, and Victor Rosansky. 1997. *The Power of Alignment: How Great Companies Stay Centered and Accomplish Extraordinary Things*. New York, NY: John Wiley & Sons, Inc.

Ladd, George E. 1985. *El Evangelio del Reino,* Miami: Editorial Vida.

McCarthy, E. Jerome. 1981. *Basic Marketing: A Managerial Approach*. 7th ed. Homewood, IL: Richard D. Irwin.

Mintzberg, Henry. 1994. *The Rise and Fall of Strategic Planning*. New York, NY: The Free Press.

Mrazek, James. 1968. *The Art of Winning Wars*. New York, NY: Walker Books.

NetFax. March-April 1999. http://www.ntcumc.org/ArcMyC/ MyC9903.html.

Salvendy, Gavriel, editor. 1982. *Handbook of Industrial Engineering.* New York: John Wiley and Sons, Inc.

Schwarz, Christian. 1996. *Las 8 características básicas de una iglesia saludable.* Barcelona: Editorial Clie.

Welch, Jack. September 2005. *The Five Stages of Crisis Management.* Opinion Journal. www.opinionjournal.com/feature.html?id=11000 7256.

Wheatley, Margaret. 1992. *Leadership and the New Science.* San Francisco: Berrett Koehler.

White, John. 1976. *The Fight.* Downers Grove, IL: InterVarsity Press.

www.ingramcontent.com/pod-product-compliance
Lightning Source LLC
LaVergne TN
LVHW051110080426
835510LV00018B/1984